小学校

学級担任のための

よくわかる
インクルーシブ
教育

課題解決 Q&A

編著者　半澤 嘉博

著　者　相澤 雅文 / 忰田 康之 / 高橋 浩平 /
　　　　玉野 麻衣 / 三浦 光哉 / 明官　茂　他

開隆堂

はじめに

　特別支援教育やインクルーシブ教育に関する理論や実践に関する書籍は，最近，数多く出版されているところですが，本書は，今後，日本において，ますます重要な取り組みとなるインクルーシブ教育の推進に向けての教育関係者への啓発を目的とした内容としました。本書出版のねらいは大きく2点あります。

1. 日本におけるインクルーシブ教育を強力に推進していく方向性を示しました。
　特別支援学校や特別支援学級での専門的な指導の重要性など，日本におけるインクルーシブ教育システムの体制やカスケードを基盤とするとともに，通常学級での在籍を原則とするフルインクルージョンも視野においた時代への流れを想定し，障害の重い児童生徒も通常学級に在籍し，教育を受けることの意義や重要性を肯定的にとらえたものとしました。そのため，「インクルーシブ教育システム」ではなく，あえて「インクルーシブ教育」の用語を使用しました。そして，それを保障するためのICF(国際生活機能分類)に基づく合理的配慮やユニバーサルデザインの推進に関しての学校の責務を強調しました。

2. インクルーシブ教育を推進していく際のさまざまな課題の解決策を具体的に示しました。
　インクルーシブ教育を推進していく際に生じるさまざまな学校経営上，学級経営上などの課題について，それらを「困難な事例」としての視点から例示し，その具体的な解決の方策を示しました。管理職向け，また，通常学級の担任向けを想定し，インクルーシブ教育の基礎・基本としての理解や想定される困難事例への対応に資する資料となるものです。

　本書シリーズは管理職向けと小・中学校の各担任向けの三分冊となりますが，どれも，内容構成としては，「理論編」「Q&A編」「資料編」の三部構成となります。
　「理論編」においては，国際的な動向や関連法令，また文部科学省や都道府県における施策などをふまえ，基礎的な用語の定義や解釈をわかりやすく示しました。
　「Q&A編」においては，教育実践上の想定される対応や課題を例示し，その解決策や対応例を示しました。特に，保護者や児童生徒からの個別の配慮や支援の要求，合理的配慮の要求，授業でのユニバーサルデザインの対応，障害理解教育や差別事象への対応，交流及び共同学習の実施上の課題など，現実的な課題を例示しました。
　回答は，原則的に，インクルーシブ教育の推進，障害のある児童生徒の受け入れ促進の視点からの解説としました。
　「資料編」においては，実際に学校現場で活用したり参考にしたりできる資料を示しました。重要な法令関係，学校だより，保護者や地域を対象とした障害理解教育や保護者会での障害理解教育の展開例，校内での特別支援教育体制の構築例，校内委員会や事例検討会の開催例，学校での障害者差別事象・判例などの対応例を掲載してあります。
　インクルーシブ教育の推進においては，通常学級の改革が極めて重要です。本書を読んでいただき，**管理職の先生方には**学校経営の改善・工夫や教職員の意識改革につながる研修の実施，保護者対応，関係機関との連携などのヒントが得られることを期待しています。
　また，**通常学級担任の先生方や教科担任の先生方には**，学級経営や授業の改善・工夫や日常的・直接的な保護者対応などのヒントが得られることを期待しています。
　さらに，**特別支援教育コーディネーターを兼務されている先生方には**，各学校での組織的な体制整備や運営の視点でのヒントが得られることを望みます。

東京家政大学教授　　半澤　嘉博

もくじ

ページ
3 　もくじ

理論編

- 8 　**1** 　インクルーシブ教育とは，どんな教育のことなのでしょうか。
- 10 　**2** 　インクルーシブ教育における学級担任と教科担当の役割と責任は，どのようなことでしょうか。
- 12 　**3** 　合理的配慮とは，どんなことでしょうか。
- 14 　**4** 　授業のユニバーサルデザイン化の原理原則
- 16 　**5** 　「個別の教育支援計画」と「個別の指導計画」の作成と活用の重要性
- 18 　**6** 　インクルーシブ教育の学習指導要領上の意義と取り扱い
- 20 　**7** 　障害者差別解消法への対応
- 22 　**8** 　就学支援の仕組みと担任としてのかかわり方
- 24 　**9** 　保護者や関係機関との連携
- 26 　**10** 　学校の特別支援教育体制の構築への期待
- 28 　**11** 　特別支援教育コーディネーターにはどのような役割があるのでしょうか。
- 30 　**12** 　東京都における特別支援教室では，どのような指導が行われているのでしょうか。
- 32 　**13** 　通級による指導における通級指導教室担当と通常学級担任との連携について

Q&A編

36	Q1	学級経営　学級指導	「先生が障害のある児童一人だけをひいきにしていてずるい！」といわれました。どのようにして誤解を解消したらよいでしょうか。
38	Q2	学級経営　学級指導	障害のある児童をしかることなく指導するには，どうしたらよいでしょうか。
40	Q3	学級経営　学級指導	障害のある児童と一緒のグループや班になることを他の児童が嫌がっています。どう指導すればよいでしょうか。
42	Q4	学級経営　学級づくり	初めて障害のある小学1年生の児童を担任することになりました。どのような準備をしておけばよいでしょうか。
44	Q5	学級経営　学級づくり	「知的障害」ということを，他の児童にどのように説明をすればよいでしょうか。
46	Q6	学級経営　学級づくり	「発達障害」ということを，他の児童にどのように説明をすればよいでしょうか。
48	Q7	学級経営　学級づくり	障害のある児童への個別対応により，学級のルールが崩れて「学級崩壊」がおこることが心配です。
50	Q8	学級経営　学級づくり	障害のある児童を受け入れるあたたかな学級の雰囲気は，どのようにつくっていったらよいでしょうか。
52	Q9	学級経営　学級づくり	障害のある児童に係活動や当番活動をさせる際の留意点は，どんなことでしょうか。
54	Q10	学級経営　学級づくり	障害のある児童の休み時間の過ごし方の配慮は，どのようにすればよいでしょうか。
56	Q11	学級経営　学級づくり	特別支援学校や特別支援学級の児童との交流および共同学習は，どのように進めていけばよいのでしょうか。

58	Q12	学級経営	学級づくり	障害のある児童がいるクラスでの学級だよりは，どのように工夫・配慮していけばよいでしょうか。
60	Q13	学級経営	個別支援	中学校や高等学校への進路指導を行う際に，どんな配慮をすればよいでしょうか。
62	Q14	学級経営	個別支援	幼稚園や保育所，また，中学校との連携や引き継ぎはどのようにすればよいでしょうか。
64	Q15	学級経営	個別支援	療育機関や医療機関との連携は，どのようにすればよいのでしょうか。
66	Q16	学級経営	個別支援	障害のある児童が学習についていけないので，特別支援学級への転籍を勧めたほうがいいと思っているのですが。
68	Q17	学級経営	人間関係	障害のある児童がいじめられているようなのですが，どう対応すればよいでしょうか。
70	Q18	学級経営	人間関係	クラスの中で障害のある児童に友だちができないようなのですが，どう対応（サポート）すればよいでしょうか。
72	Q19	授業	学習支援	字を読んだり書いたりすることが苦手な児童への学習支援は，どのように行ったらよいでしょうか。
74	Q20	授業	学習支援	みんなの前での発表が苦手な児童への学習支援は，どのように行ったらよいでしょうか。
76	Q21	授業	学習支援	多動で落ち着きがない児童への学習支援は，どのように行ったらよいでしょうか。
78	Q22	授業	学習支援	注意の集中が苦手な児童への学習支援は，どのように行ったらよいでしょうか。
80	Q23	授業	学習支援	宿題をやってくることを忘れてしまう児童への学習支援は，どのように行ったらよいでしょうか。
82	Q24	授業	学習支援	学習に必要なもち物を忘れる児童への学習支援は，どのように行ったらよいでしょうか。
84	Q25	授業	学習支援	机のまわりに学習用具などが散らばっている児童への学習支援は，どのように行ったらよいでしょうか。
86	Q26	授業	学習支援	苦手な学習について，どのようにして個別の教材をつくってサポートしたらよいでしょうか。
88	Q27	授業	学習支援	障害により苦手になっている学習は，他の児童と違う学習内容にかえてもよいでしょうか。
90	Q28	授業	学習支援	鉛筆のもち方が上手でない児童へは，どのように指導していったらよいでしょうか。
92	Q29	授業	学習支援	障害のある児童の学習評価を行う際には，どのような配慮が必要でしょうか。
94	Q30	授業	学習支援	障害のある児童をどう励ましたり，ほめたりして学習意欲を高めたらよいでしょうか。
96	Q31	授業	学習支援	障害のある児童のために学習支援員が一人ついていますが，どのような連携・協力が必要でしょうか。
98	Q32	授業	環境づくり	教室環境や学習環境として，基本的なユニバーサルデザインをどのように取り入れていけばよいでしょうか。
100	Q33	授業	環境づくり	障害のある児童を，どのようにしてグループや班の活動にかかわらせていけばよいでしょうか。
102	Q34	授業	障害理解	道徳の授業で多様性を認め合うことや思いやりの大切さについて教えたいのですが，どのような授業を行えばよいでしょうか。
104	Q35	保護者	保護者支援	障害のある児童の保護者が将来のことを心配して相談にきましたが，どのようなアドバイスをしたらよいでしょうか。
106	Q36	保護者	保護者支援	障害のある児童が社会的に自立するために，家庭で必要なことを保護者にどう伝えていけばよいでしょうか。

頁	番号	区分	小区分	内容
108	Q37	保護者	保護者対応	発達障害のある児童の保護者から,授業中に合理的配慮として録音機器を使用したいとの要望がありました。どのように対応していけばよいでしょうか。
110	Q38	保護者	保護者対応	知的障害のある児童の保護者から,宿題を軽減してほしいという要望がありました。どのように対応すればよいでしょうか。
112	Q39	保護者	保護者対応	発達障害のある児童の保護者から,試験での時間延長とテスト文へのフリガナをしてほしいと要望がありました。どう対応すればよいでしょうか。
114	Q40	保護者	保護者対応	障害のある児童の保護者から,授業中に学習支援員を一人つけてほしいと要望がありましたが,どう対応すればよいでしょうか。
116	Q41	保護者	保護者対応	保護者から学校での対応が十分でないとの苦情がありました。理解してもらうためにどのように対応したらよいでしょうか。
118	Q42	保護者	保護者対応	保護者から,授業での個別支援が十分ではないとの授業批判がありました。どう対応していけばよいでしょうか。
120	Q43	保護者	保護者対応	障害があると思われる児童の保護者に医学的な診断を受けるように勧めたら,拒否されました。どう対応すればよいでしょうか。
122	Q44	保護者	保護者対応	障害のある児童の保護者から,学級の保護者全員に自分の子どもの障害を理解してほしいと頼まれました。どう対応すればよいでしょうか。
124	Q45	保護者	保護者対応	障害のある児童の保護者から,子どもの障害のことは絶対にみんなにいわないでほしいと要望がありました。どう対応すればよいでしょうか。
126	Q46	保護者	保護者対応	障害のある児童の保護者から,子どもを特別扱いしないでほしいとの要望がありました。どのように対応すればよいでしょうか。
128	Q47	保護者	保護者対応	障害のある児童の保護者から,子どもの障害のことを他の児童に話をさせてほしいと要望がありました。どのように対応すればよいでしょうか。
130	Q48	保護者	保護者対応	障害のある児童の保護者から,担任に対して授業や集団づくりへの配慮がないと苦情がありました。どのように対応すればよいでしょうか。
132	Q49	保護者	保護者連携	「個別の教育支援計画」や「個別の指導計画」を,保護者とどのように共有していけばよいでしょうか。
134	Q50	保護者	保護者連携	「個別の教育支援計画」や「個別の指導計画」を医療機関と,どのように共有していけばよいでしょうか。
136	Q51	保護者	保護者連携	「個別の教育支援計画」や「個別の指導計画」を放課後等デイサービス事業所と,どのように共有していけばよいでしょうか。
138	Q52	保護者	保護者連携	「障害のある児童が教室で突然,物を投げ散らす」と,他の児童の保護者から相談がきました。どう対応したらよいでしょうか。
140	Q53	保護者	保護者連携	「障害のある児童が,何の理由もなく突然暴力をふるう」と,他の児童の保護者から苦情がきました。どう対応したらよいでしょうか。

資料編

頁	番号	内容
144	1	障害理解教育の指導案例
146	2	保護者会での障害理解教育の例
148	3	個別の教育支援計画例
150	4	個別の指導計画例
152	5	障害者差別事象の対応例
154	6	放課後等デイサービスと学校の連携例
156	7	校内委員会や事例検討会は,どのように開催したらよいのでしょうか。
158	8	特別支援教育体制をどのように構築していけばよいのでしょうか。

理論編

国際的な動向や関連法令，また文部科学省や
都道府県における施策などをふまえ，
基礎的な用語の定義や解釈を
わかりやすく解説しています。

理論編

1 インクルーシブ教育とは，どんな教育のことなのでしょうか。

特別支援教育に関して，最近「インクルーシブ教育」という言葉をよく耳にするようになりました。でも，インクルーシブ教育とかインクルーシブ教育システムとかインクルージョンとか，似たような言葉もありよく理解できません。そもそもインクルーシブ教育とは何のことなのでしょうか。

1. インクルーシブ教育は「すべての児童生徒たちを包み込む教育」

「インクルーシブ」とは，英語で「包容する」とか「包み込む」という意味の言葉です。すべての児童生徒を包み込んだ教育という考え方であり，障害がある，国籍が違う，家庭が貧困である，などの事情で児童生徒を地域の学校から排除しないということです。

1994年にユネスコが開催した国際会議で「Education for All(万人のための教育)」が唱えられ，障害の有無にかかわらず，希望すればだれもが適切な支援を受けながら地域の通常学級に通うことができるようにしていこうという方向性が示されました。

そして，2014年1月20日に日本が批准した国連「障害者の権利に関する条約」の第24条において，「インクルーシブ教育システム」(inclusive education system：包容する教育制度)を障害のある子どもと障害のない子どもがともに学ぶ仕組みとして定義し，障害のある者が「general education system：一般的な教育制度」から排除されないこと，自分が生活している地域において初等中等教育の機会が与えられること，個人に必要な「合理的配慮」が提供されることなどが必要と示しています。

障害のある児童生徒の学習を保障し，社会的な発達をさせることができる環境として，完全なインクルーシブ教育の実現に向けて歩むことは国際的な流れであり，「インクルーシブ教育」とは，そのような新たな教育の方向性への理念を表しています。そして，その教育理念に向けての具体的な体制や仕組みづくりも含めた取り組みを総称する際に「インクルーシブ教育システム」と表わしています。また，日本では2016年に文部科学省が示した「共生社会の形成に向けたインクルーシブ教育システム構築のための特別支援教育の推進(報告)」においてインクルーシブ教育システムを定義し，その中で障害のある児童生徒の将来の自立と社会参加を見据え，通級による指導，特別支援学級，特別支援学校といった連続性のある「多様な学びの場」を用意して，最も適切な教育を提供できる仕組み(カスケード)を整備することも含めています。

- インクルーシブ教育はだれにも優しい学校づくり
- 適切な支援ができる学校体制や環境整備と合理的配慮に基づく個別支援の充実が重要

「インクルージョン(inclusion)」という用語は，障害のある児童生徒を通常学級でともに学習できるようにする考え方や主張，手法などを表し，排除する意味の「イクスクルージョン(exclusion)」との対比でよく用いられます。

また，世界各国の戦後の歴史的な取り組みとして，「ノーマライゼーション(ノーマリゼーション)」「メインストリーミング」「インテグレーション：統合教育」などの用語が用いられてきたこともあり

ますが、いずれも障害のある人を一般社会や一般的な教育制度に参加させていくことを目指した取り組みのことです。

2. 通常学級の中での障害のある児童生徒の教育と支援

それでは、インクルーシブ教育になると、今までの小・中学校や実際の授業はどのように変わるのでしょうか？

通常学級の中に、障害のある児童生徒や個別の支援が必要な児童生徒が多く在籍するようになります。しかし、通常学級の中では、一般的に同じ教科書を使って同じ学習をしていくいわゆる一斉授業が多く行われています。また、担任の先生も特に特別支援教育の専門家というわけではありません。理念として、障害のある児童生徒を他の児童生徒たちから排除しないで一緒に学習するということには賛成であっても、本当に障害に応じた適切な指導や支援ができるのかとの疑問が生じます。

インクルーシブ教育を進めるためには、まず、障害のある児童生徒などを受け入れるための学校体制づくりが必要です。校長先生のリーダーシップの下、学校の全教職員や外部の専門家や支援者などの協力を得て、担任まかせにしないことが大切です。そのための特別支援教育コーディネーターの機能が重要となります。また、個別の教育支援計画に基づき保護者と情報交換を密に行い、合理的配慮の視点からの個別の支援を行い、児童生徒の成長や発達を共有することが大切です。さらに、障害のある児童生徒などが教室のあたたかい雰囲気の中で、生き生きと学習や生活ができるためには、まわりの児童生徒たちとのかかわりが重要です。障害の社会モデルについて理解を深めたり、実践的なピアサポート（助け合い）のしかたを理解したりすることも、すべての児童生徒たちの大切な学習です。

3. インクルーシブな学級のイメージ

インクルーシブな学級づくり・授業づくりを推進していくためには、以下の取り組みが大切です。

①学級づくりに関しては、心理教育プログラムなどを活用しての人間関係づくりが有効です。グループエンカウンターやピアサポート活動、特別活動や総合的な学習の時間において、社会性を育むためのソーシャルスキルトレーニングやアサーショントレーニング、アンガーマネジメント、ストレスマネジメント、ライフスキルトレーニングなどを全員の児童生徒を対象として実施していくことで、だれもが自己肯定感や自己有用感を高めるとともに、多様な他者の存在を尊重していくことができるようにしていきます。

②授業づくりに関しては、授業のユニバーサルデザイン化を進め、すべての児童生徒が「わかる」「できた」という達成感をもつことができるような授業を展開していきます。また、時間や空間の構造化、作業量や刺激量の調整などにも配慮していきます。さらに、グループワークやさまざまな言語活動を通した協働的な学びの場を積極的に取り入れ、アクティブ・ラーニングを進めていきます。一人ひとりの児童生徒の得意な学習スタイルや教材を選べるようにすることも大切です。

また、特に個別の支援が必要な児童生徒については、学習面や行動面でのよい点を引き出し、個別の教育支援計画や個別の指導計画に基づき、個人内評価の視点からの評価による意欲づけに配慮していくことが大切です。

一人ひとりが大切にされ、一人ひとりが自分の得意なことを発揮できる学級経営がインクルーシブ教育の本質であり、ゴールではないでしょうか。

（東京家政大学教授　半澤 嘉博）

理論編

2 インクルーシブ教育における学級担任と教科担当の役割と責任は，どのようなことでしょうか。

インクルーシブ教育を進めていくためには，障害のある児童生徒の学習面と行動面，また，学級の中での人間関係などに関しての配慮が重要ですが，学級担任や教科担当としてどのような配慮を行っていけばよいでしょうか？

　小学校や中学校においてインクルーシブ教育を進めていくためには，障害のある児童生徒が学校生活の中でさまざまな困難と出会う場面で，先生が適切な指導や支援を行っていけるかどうかが重要なポイントとなります。

　インクルーシブ教育の推進においては，当然多くの困難が生じます。学校や学級内だけでは対応できないこともあるでしょう。しかし，そのような困難を一つひとつ解決していくことによって，インクルーシブ教育が実現し広がっていくのです。

　困難だからこれ以上できない，無理だから諦めるといった先生の意識が全面に出てしまったら，インクルーシブ教育の限界は近いものとなってしまいます。今までやったことがないことであっても，また，新たなチャレンジであっても，限界を打ち破るための努力と挑戦が求められていることを忘れないでください。

　特に小学校では，学級を中心とした集団生活の中で教科などの学習に慣れ，学習内容をていねいに積み上げていけるか，また，学級での集団行動に適応していけるかに関しての学級担任の役割と責任は重要となります。

　中学校では，進学を想定した教科などの特質に応じた学習内容を確実に身につけていくことができるか，また，思春期を迎えて自我の意識の育成や幅広い人間関係の構築をどのように進めていくことができるか，などに関しての学級担任や教科担当の役割と責任は重要となります。

1. 学級担任の役割と責任について

　まず最も重要な視点は，特別な支援を要する児童生徒に対して，その特徴や実態に基づいた通常学級において実施できる学習面・行動面での個別の配慮を確実に実施していくことです。教室環境の整備を含めてのユニバーサルデザインの取り組みとともに，個別の配慮の実施においては，合理的配慮の視点からの責任と成果の検証が大切です。

　また，担任として，障害のある児童生徒の情報を学校全体で共有するための働きかけを積極的に行うことが重要です。保護者や関係機関との連携においても，特別支援教育コーディネーターが中心となって対応する場合でも，まかせっきりにしないで，学級担任の直接的な関与や意識をもつことが大切です。

　学級において障害のある児童生徒を受け入れる雰囲気をつくるためには，児童生徒の発達段階に応じた障害理解教育が重要です。特別の教科道徳などによる授業や日々の学級指導を通して，思いやりの心情の育成，多様性の大切さ，人権意識の涵養などの視点からの障害理解教育を継続的に実施していくことにも留意してください。また，障害者差別解消法の視点からは，学校内での障害を理由とした差別（いじめやからかいなど）の解消については学級担任の責任は重いと認識してください。

　学級のすべての児童生徒に多様性を大切にし，将来の共生社会づくりの担い手の意識を醸成す

るのは学級担任です。障害のある児童生徒を受け入れる寛容性のある雰囲気を醸し出すことは，学級担任の一番の役割と責任であると考えます。

2. 教科担当の役割と責任について

各教科の担当教員は，特別支援教育コーディネーターや学級担任などと障害のある児童生徒に関する情報共有を行い，その特徴や実態に基づき，担当する教科の指導に関しての配慮を確実に実施していくことが大切です。すべての児童生徒への授業のユニバーサルデザインとともに，合理的配慮の視点からの個別の支援についても十分配慮していきます。

学習支援員や特別支援教育支援員などが配置され，個別支援を行う授業体制のときには，教科担任との事前の打ち合わせや事後評価を行い，効果的な支援の継続が重要です。

中学校においては，特に教科による学習内容・方法の違いが大きかったり，教科担当の先生が異なったりすることから，各授業のスタイルや展開が大きく異なります。生徒にとっては，授業ごとまた先生ごとに学習のしかたが異なることで，混乱ややりにくさが生じることもあります。障害のある児童生徒の学習状況や理解度などを確認しながら，必要となる合理的配慮について検討していくことが大切です。

3. インクルーシブ教育推進のための留意点

インクルーシブ教育を推進していくために，学級担任や教科担当には以下の四つの役割が重要であるといわれています。

(1) コラボレーション（協働学習）

障害のある児童生徒が通常学級に在籍しているとき，心理的に孤立したり，他の児童生徒とのかかわりがなかったりする環境は適切ではありません。学習や活動の完成度やペースが他の児童生徒と違っていても，協働的な学習や活動に参加させていく方法を工夫することに留意してください。

(2) 合理的配慮

障害による学習面や生活面での困難さを解消していくための合理的配慮については，個別かつ組織的に検討していく体制の中で，学級担任や教科担当からの情報が一番重要になります。授業や学級でのさまざまな活動の中で具体的にどのような困難さがあるかをしっかりと把握して，必要な合理的配慮を検討していくことに留意してください。

(3) 根拠（ドキュメンテーション）

個別の教育支援計画や個別の指導計画で示した個別支援には，その対応が必要な理由が明確になっていなければなりません。その対応が本当に成果をあげたのかどうかを客観的に評価することも重要です。知的障害だから発達障害だからこういう対応をすると単に決めつけたり，一様に行ったりするものではないことに留意してください。

(4) コミュニケーション

障害のある児童生徒が学校内で他の児童生徒と自由にコミュニケーションできる機会を多くすることに留意してください。また，その児童生徒の保護者や関係機関との情報共有のためのコミュニケーションも重要です。

児童生徒どうしのかかわりを増やすことにより，障害のある児童生徒とどのように接したり，コミュニケーションをとっていったりするかを学ぶことができます。場合によっては失敗やトラブルもあるかと思いますが，児童生徒たちがその過程でインクルーシブ教育の大切さを学んでいくことが大切ではないでしょうか。

（半澤 嘉博）

理論編

3 合理的配慮とは，どんなことでしょうか。

最近，学校で「合理的配慮」という言葉をよく耳にします。何か配慮する必要があることはわかりますが，どんなときに，だれに，どのような配慮をしたらいいのか，実はよくわからないのです。

1. 合理的配慮の定義

「合理的配慮」については，「障害者の権利に関する条約」（以下，障害者権利条約）に採用されたことで，一般的に知られる概念になりました。障害者権利条約第2条では，「合理的配慮とは，障害者が他の者との平等を基礎として全ての人権及び基本的自由を享有し，又は行使することを確保するための必要かつ適当な変更及び調整であって，特定の場合において必要とされるものであり，かつ，均衡を失した又は過度の負担を課さないものをいう」と定義しています。

また，障害者権利条約第24条では，教育についての障害者の権利を認め，この権利を差別なしに，かつ，機会の均等を基礎として実現するために，障害者を包容する教育制度（inclusive education system）などを確保することとしました。その権利の実現にあたり必要なものとして，「障害のある者が一般的な教育制度（general education system）から排除されないこと」「生活する地域において質が高く，かつ無償の，初等中等教育の機会が与えられること」「個人に必要な『合理的配慮』が提供されること」を位置づけています。

ここまでは条約の内容から見てみましたが，簡単には理解できない部分も多いので，細かく説明してみたいと思います。もともと，障害とは目が見えない，歩けないなどその人がもっている性質から生ずると考えられていましたが，そうした性質のために働けない，さまざまな活動に参加できないような社会の仕組み（人々の偏見，建物，制度など）にも問題があると考えられるようになりました。

例えば，車椅子を利用している人が，一般の人と同様にバスや電車を利用することができたり，建物にエレベーターなどが設置され一人で目的の場所に行くことができたりすれば，障害による移動の不利益は少なくなります。

障害者権利条約では，障害のある人が不利になるのはその人の機能障害のせいではなく，機能障害のことを考えないでつくられた社会の仕組み（社会的障壁）に原因があると考えています。この社会的障壁を超えやすくする具体的な取り組みが合理的配慮の提供と考えてください。また，合理的配慮は原文（英語）では，「reasonable accommodation」と表記されています。「合理的（配慮）」と訳されていますが，実際には「便宜」「助け」と解釈するとよりわかりやすくなります。

2. 学校現場での合理的配慮

合理的配慮は具体的にどのように考えればよいのでしょうか。文部科学省では，障害のある児童生徒などに対する教育を小・中学校で行う場合，合理的配慮の提供として考えられる事項を次のように示しています。

・教員，支援員などの確保
・施設・設備の整備
・個別の教育支援計画や個別の指導計画に対応した柔軟な教育課程の編成や教材などの確保

また，次の表は，障害種別に教育場面で考えられる合理的配慮に関して具体例を示したものです。視覚障害や肢体不自由などの身体障害の場合は比較的わかりやすいですが，発達障害などの場合は，周囲にわかりにくい障害なので，合理的配慮も障害の実態に応じて変わってきます。特に，中学校などでは他の生徒への理解が進まないと特別扱いしているように見えてしまいます。ある意味，障害理解をどのように進めるかが課題になります。

合理的配慮の例（教育場面）

視覚障害（弱視）のAさん
【状態】矯正視力が0.1で，明るすぎるとまぶしさを感じる。黒板に近づけば文字は読める。
○廊下側の前方の座席
○教室の照度調節のためにカーテンを活用
○弱視レンズの活用

学習障害（LD）のBさん
【状態】読み書きが苦手で，特にノートテイクが難しい。
○板書計画を印刷して配布
○デジタルカメラなどによる板書の撮影
○ICレコーダーなどによる授業中の教員の説明等の録音

肢体不自由のCさん
【状態】両足にまひがあり，車椅子を使用。エレベーターの設置が困難。
○教室を1階に配置
○車椅子の目線に合わせた掲示物等の配置
○車椅子で廊下を安全に移動するための段差を解消

知的障害のDさん
【状態】知的発達の遅れがあり，短期的な記憶が困難。
○話し言葉による要点を簡潔な文字にして記憶を補助

病弱のEさん
【状態】病気のため他の子供と同じように，運動することができない。
○体育等の実技において，実施可能な課題を提供

聴覚障害（難聴）のFさん
【状態】右耳は重度難聴，左耳は軽度難聴。
○教室前方・右手側の座席配置（左耳の聴力を生かす）
○FM補聴器の利用
○口形をハッキリさせた形での会話（座席をコの字型にし，他の児童の口元を見やすくする など）

※文部科学省資料より

また，合理的配慮は，障害者からの意思の表明があった場合，実施に伴う負担が過重でない場合は基本的に対応しなくてはなりません。児童生徒本人からの意思表明が難しい場合は，保護者の意向を尊重したり，学校側から配慮したりするなどの取り組みが必要になります。

3. 基礎的環境整備と合理的配慮

中央教育審議会では，障害のある幼児児童生徒の支援について，国や地方公共団体が合理的配慮の基礎となる教育環境の整備を行うことが示されました。これが，基礎的環境整備にあたります。右の図を見ていただくとわかるように，基礎的環境整備は各学校が行う合理的配慮の基盤になります。専門性のある先生・支援員などの配置や施設・設備の整備，個別の教育支援計画などの作成や指導，教材の確保などは基礎的環境整備にあたり，この部分が充実すると，合理的配慮の基礎の部分が大きくなります。各学校が，一人ひとりへより充実した合理的配慮を行うことができます。

反対に基礎的環境整備が充実していないと，各学校では一人ひとりに対する合理的配慮の内容を増やさなければならず，十分な支援をすることが難しくなります。合理的配慮はあくまでも一人ひとりに応じた対応になりますが，その基盤となる基礎的環境整備を充実させることがこれからは必要になってきます。

合理的配慮と基礎的環境整備の関係

設置者・学校が実施

Aさんのための合理的配慮／Bさんのための合理的配慮 → 合理的配慮

国，都道府県，市町村による環境整備 → 合理的配慮の基礎となる環境整備（基礎的環境整備）

※参考：中央教育審議会初等中等教育分科会「共生社会の形成に向けたインクルーシブ教育システム構築のため特別支援教育の推進（報告）」2012年7月より

合理的配慮は，一人ひとりの障害の実態に応じて違ってきます。文部科学省（各省庁や地方自治体も同様）が公開している，合理的配慮の具体例や，国立特別支援教育総合研究所が「インクルDB」で公開している，合理的配慮の実践事例（360事例以上）は，学校別・障害種別に幼児教育から高等学校までの事例を収録しています。学校や地域での具体的対応が示されていて現場での参考になります。合理的配慮の提供について，各学校で検討していきましょう。

（明星大学教授　明官　茂）

理論編

4 授業のユニバーサルデザイン化の原理原則

　授業のユニバーサルデザイン化の原理原則を考える上で，まず，インクルーシブ教育，基礎的環境整備，合理的配慮，ユニバーサルデザインのそれぞれの関係についてふれてから，授業のユニバーサルデザイン化の原理原則について解説します。

1. インクルーシブ教育とは

　インクルーシブ教育は，理論編①(8頁)，でも解説されているように「児童の権利に関する条約」の中で，人間の多様性を尊重する考えのもと障害のある幼児児童生徒と障害のない幼児児童生徒がともに学び育つ共生社会のあり方を方向づける考え方の一つです。インクルーシブ教育を推進するには，前提条件として基礎的環境整備と合理的配慮があります。2012年7月の中央教育審議会の報告では，基礎的環境整備と合理的配慮の関係性を述べています。

　同報告の中で「合理的配慮の充実を図る上で，基礎的環境整備の充実は欠かせない。そのため，必要な財源を確保し，国，都道府県，市町村はインクルーシブ教育システム構築に向けた基礎的環境整備の充実を図っていく必要がある。また，基礎的環境整備を進めるにあたっては，ユニバーサルデザインの考え方も考慮しつつ進めていくことが重要である」と述べています。

　では，ユニバーサルデザインの考え方とはどのようなものかというと，障害者の権利に関する条約に次のように定義しています。「ユニバーサルデザインとは，調整又は特別な設計を必要とすることなく，最大限可能な範囲ですべての人が使用することのできる製品，環境，計画及びサービスの設計をいう。ユニバーサルデザインは，特定の障害者の集団のための支援装置が必要な場合には，これを排除するものではない」。

　この定義を学校でユニバーサルデザインの考え方を取り入れることにあてはめて表現すると，石塚(2013)は，例えば「授業のユニバーサルデザインとは，個別的な調整又は特別な設計を必要とすることなく，最大限可能な範囲ですべての子どもがよくわかる授業設計」とし，特に通常学級において，授業のユニバーサルデザインを追求することは，当然，それぞれの幼児児童生徒の学習上の特性などを考慮するが，個別的な対応ではなく，当該学年の教育課程の実施を前提とし，学級などの集団全体への効果を希求することとなると述べています。さらに，個別的な対応ではなくというのは，それが不要という意味ではなく，概念的に全体への対応と個別的対応があって，個別的対応は合理的配慮の範疇と考えるのが妥当と述べています。

　教育のユニバーサルデザインの考え方は，より多くの幼児児童生徒にとって，わかりやすく学びやすく配慮された教育のデザインであると阿部(2014)は述べており，その構成要素は授業のユニバーサルデザイン化，教室環境のユニバーサルデザイン化，人的環境のユニバーサルデザイン化の三つから構成されているとしています。

　表題である授業のユニバーサルデザイン化の原理原則については，どの幼児児童生徒も「わかる」「できる」授業をするための手立てとして，授業内容や考え方・資料などを図解や画像などの視覚情報として示す(1)視覚化，学習目標や内容を絞り込んで授業展開の構造をシンプルにする(2)焦点化，話し合い活動などで学ぶ内容などをお互いに共有

して確実に定着させる(3)共有化のほかに，教室環境のユニバーサルデザイン化，人的環境のユニバーサルデザイン化についても解説します。

2. 授業のユニバーサルデザイン化

(1) 視覚化

視覚化とは，電子黒板やタブレットなどのICT機器の使用も含めて，指導する内容や概念などの説明を言葉だけでなく，視覚的な情報提示によってわかりやすく「見える化」することです。提示する際には文字や図の大きさ，色なども吟味して，適度な大きさで見やすく示すことが大切です。授業の目標がわかりやすいように，提示する情報を精選したり適切な場面で提示したりする工夫も必要です。

(2) 焦点化

焦点化とは，授業の目標や学習活動などを明確に絞り込み，展開の構造をシンプルにすることによって「わかりやすい」授業にすることです。授業を行うにあたって，あらかじめその授業の最も重要なポイントであり目標を達成する場面でもある「山場」を設定します。その山場に向けて幼児児童生徒の思考が流れていくように授業を設計します。展開の構造を事前にていねいに設計しておくことが大切です。

(3) 共有化

共有化とは，先生からの一方的な指導だけでなく，ペアやグループなどによる幼児児童生徒の話し合い活動を組織化することによって，理解を学級全体に広げていくことです。学習内容の定着のために，目標にかかわる知識や解き方，考え方などを幼児児童生徒全員が分かち合えるように働きかけていきます。例えば，理解の速い幼児児童生徒の意見を他の幼児児童生徒がいい換えたり再構築したりするなど，幼児児童生徒どうしで話し合いながら理解を分かち合っていきます。

3. 教室環境のユニバーサルデザイン化

教室環境のユニバーサルデザイン化とは，基本的教室環境の例として，教室前面には学習に集中できるように，むだな掲示物をなくしたり，掲示物の大きさやデザインをそろえたりします。また，掲示位置の縦と横をそろえ，カテゴリー別にまとめたり，色合いを工夫したりします。必要性に応じて，掲示物をカーテンで隠したり，風でめくれたりしないように気をつけます。

教室側面は，学習につながる発表の話し方や学習活動の手順，学習の成果物などを見やすく掲示します。教室後方には，学級目標が視覚化してあり，ロッカーの整理整頓のしかたが掲示してあります。また，幼児児童生徒たちが成長を実感できる記録写真などもあるといいでしょう。

4. 人的環境のユニバーサルデザイン化

人的環境のユニバーサルデザイン化とは，先生と幼児児童生徒の関係において，幼児児童生徒たちが安心して「わからない」「できない」といえる学級であり，誤答が価値づけられる学びの場のことです。授業や学校生活の中で，「わからない」や「間違えた」「教えてほしい」をいえるのは，人的環境のユニバーサルデザイン化によって，安心感や共感，自己肯定感をもてる学級でもあります。

参考文献　授業のユニバーサルデザイン研究会・桂聖，石塚謙二．授業のユニバーサルデザイン校内研究・授業研究の進め方　算数授業のユニバーサルデザインを考える　Vol.6．東洋館出版社．2013．／阿部利彦．通常学級のユニバーサルデザイン　スタートダッシュ　Q&A 55．東洋館出版社．2014．／花熊曉，米田和子．通常の学級で行う特別支援教育　中学校　ユニバーサルデザインと合理的配慮でつくる授業と支援．明治図書．2016．

（明星大学特任教授　妹尾　浩）

理論編

5 「個別の教育支援計画」と「個別の指導計画」の作成と活用の重要性

特別支援教育において「個別の教育支援計画」と「個別の指導計画」がありますが，両計画はどのような違いがあるのか，いつ・だれが・どういう内容のものを作成してどのように活用するのか，整理がつかない状態です。

　文部科学省は，2007年4月1日付の「特別支援教育の推進について（通知）」において，「特別支援教育は，障害のある幼児児童生徒の自立や社会参加に向けた主体的な取り組みを支援するという視点に立ち，幼児児童生徒の一人一人の教育的ニーズを把握し，その持てる力を高め，生活や学習上の困難を改善又は克服するため，適切な指導及び必要な支援を行うものである」ことを理念の一つと掲げました。

　この理念を実現するために，「個別の教育支援計画」や「個別の指導計画」を作成し，活用することが学習指導要領に記述されています。また，喫緊の課題である不登校やそのほか困難を抱える児童生徒についても，個別の教育支援計画を参考とした「児童生徒理解・教育支援シート」などを作成するよう，提案しています。

　個別の教育支援計画と個別の指導計画は名称が非常に類似していますが，異なるものです。いずれも，障害のある児童生徒の一人ひとりのニーズを正確に把握し，教育の視点から適切に対応していくという考えの下，障害のある幼児児童生徒一人ひとりについて作成するものですが，以下にその違いを10のキーワードとともに紹介します。

個別の教育支援計画は，
① 医療，保健，福祉，労働などの関係機関と連携をはかり，
② 乳幼児期から学校卒業後までの長期的視点に立ち，
③ 本人や保護者とともに作成し，
④ 支援の目標は，1年から3年程度の中・長期的な計画であり，
⑤ 本人や保護者に対する支援に関する必要な情報が記載され，
⑥ 一貫して的確な教育支援を行うために作成する支援計画です。

　一方，個別の指導計画は，
⑦ 学校での支援を具体化したもので，
⑧ 具体的な指導目標，指導内容と手立てを設定し，
⑨ 学期ごとや単元ごとに目標を立て，指導を行い，評価をくり返す短期的な計画であり，
⑩ 個別の教育支援計画の本人や保護者の願い，支援の目標などをふまえるとともに，学校における教育課程や指導計画などを考慮して作成するものです。

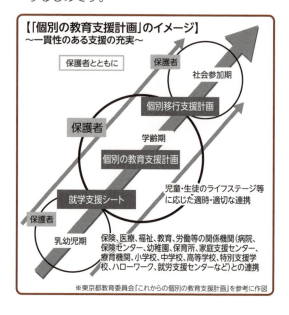

【「個別の教育支援計画」のイメージ】
～一貫性のある支援の充実～

※東京都教育委員会「これからの個別の教育支援計画」を参考に作図

さて、この個別の教育支援計画と個別の指導計画については、作成と活用に課題があげられます。

特別支援学校に在籍するすべての幼児児童生徒については作成が義務づけられていますが、幼・小・中・高においては努力義務ということで、障害のある幼児児童生徒において作成することが望ましいとされています。2016年度の文科省の調査報告によると、学校が個別の指導計画の作成が必要だと判断している児童生徒のうち、実際に計画が作成されている割合は、小学校で84.9%、中学校で80.4%でした。

一方、学校が個別の教育支援計画の作成を必要と把握している児童生徒のうち、実際に作成されている割合は、小学校で78.9%、中学校で75.5%でした。いずれも2014年度の調査報告よりも増えていますが、個別の教育支援計画に基づいて個別の指導計画を作成するはずなのに、個別の教育支援計画の作成が進まない現状があります。

それは、③本人や保護者とともに作成する要件が支障になり、作成することができないケースもあるからです。学校生活において、特別な支援が必要であることが明白であっても、本人や保護者に対して課題を伝えられなかったり理解が得られなかったり、共有できなかったりすることがあります。

活用に関しては、まだ大きな課題があります。個別の指導計画は、校内資料として特別な支援を行っている根拠として先生間で情報を共有するとともに、学年が上がる際には、引き継ぎ資料として活用できています。通知表と同様に、学期ごとに作成し評価をするという流れがつくりやすいのです。

一方、個別の教育支援計画については、学校だけでなく、外部機関などを含む本人と保護者の生活全般に対する長期的な計画であるため、現状として、その活用は保護者に委ねられています。保護者が活用方法を知らなければ、つまり、保護者に個別の教育支援計画の意義を理解してもらわなければ、作成をしただけのものとなってしまいます。

学校以外の場においても、個別の教育支援計画に関連するような「計画」を作成しているケースもあります。例えば、「サービス等利用計画」です。これは、福祉サービスを適切に利用することができるように、ニーズや置かれている状況などをふまえ、最も適切なサービスの組み合わせや支援目標について検討し、指定特定相談支援事業者の相談支援専門員が作成するものです。

常に本人の立場で考え、自立した日常生活または社会生活を営むことができるよう、きめ細かく継続的に支援していくために、定期的にモニタリング(評価し、計画の見直し)をする支援会議を行っています。

このようなさまざまな計画と同様に、個別の教育支援計画を十分に活用し、適時、適切で、一体的な支援を受けことができるように、学校側も積極的に情報提供をしていく必要があります。

個別の教育支援計画を作成し、それに基づいて学校での指導計画である個別の指導計画を作成することで、スクールソーシャルワーカーや巡回心理士などの外部専門家を十分に活用し、支援を充実させることもできるでしょう。

本人や保護者の対応を担任だけが抱えてしまわないようにするために、これらの計画の作成を通して、特別支援教育コーディネーターや管理職が協働するような校内支援体制を整えたいものです。

参考文献　文部科学省．特別支援教育の推進について(通知)．2007.4／東京都教育委員会．これからの個別の教育支援計画～「つながり」と「安心」を支える新しい個別の教育支援計画～．2014.3．／文部科学省．個別の指導計画と個別の教育支援計画について(www.mext.go.jp/b_menu/shingi/.../1364742_04.pdf)／WAMNET (独立行政法人福祉医療機構が運営する福祉・医療・保健の総合情報サイト)
(http://www.wam.go.jp/content/wamnet/pcpub/syogai/)

(東京都立清瀬特別支援学校　池尻 加奈子)

理論編

6 インクルーシブ教育の学習指導要領上の意義と取り扱い

小学校学習指導要領（2017年告示）では，インクルーシブ教育システムの構築に向けた内容が示されているとされていますが，どのような記載内容となっていて，どのように取り扱っていく必要があるのか教えてください。

1. インクルーシブ教育システムの構築を目指す小学校学習指導要領

小学校学習指導要領（2017年告示）の第1章総則第4の「児童の発達の支援」では，障害のある児童などへの指導が盛り込まれ，分量も2009年度版の約4倍の文章表記となりました。

そこでは，「障害のある児童などについては，特別支援学校等の助言又は援助を活用しつつ，個々の児童の障害の状態等に応じた指導内容や指導方法の工夫を組織的かつ計画的に行うものとする」としています。

そして，学習指導要領の各教科の「第3 指導計画の作成と内容の取扱い」においては，すべての教科において，「障害のある児童などについては，学習活動を行う場合に生じる困難さに応じた指導内容や指導方法の工夫を計画的，組織的に行うこと」と示されました。

このようなことからも，新しい学習指導要領を確実に実施していくことは，インクルーシブ教育システムを構築していく上で大きな意義があります。

小学校学習指導要領解説各教科等編では，各教科，道徳，外国語活動，総合的な学習の時間，特別活動すべてに「障害者の権利に関する条約に掲げられたインクルーシブ教育システムの構築を目指し，児童の自立と社会参加を一層推進していくためには，通常の学級，通級による指導，特別支援学級，特別支援学校において，児童の十分な学びを確保し，一人一人の障害の状態や発達の段階に応じた指導や支援を一層充実させていく必要がある。

通常の学級においても，発達障害を含む障害のある児童が在籍している可能性があることを前提に，全ての教科等において，一人一人の教育的ニーズに応じたきめ細やかな指導や支援ができるよう，障害種別の指導の工夫のみならず，各教科等の学びの過程において考えられる困難さに対する指導の工夫の意図，手立てを明確にすることが重要である」としています。

2. インクルーシブ教育システムの構築を目指す小学校学習指導要領の取り扱い

小学校学習指導要領にある障害のある児童一人ひとりの教育的ニーズに応じたきめ細かな指導や支援を実現していくために，小学校学習指導要領解説各教科等編で示された「障害のある児童への配慮についての事項」の指導内容や指導方法の工夫を計画的，組織的に行っていくことが重要です。

そのポイントは三つあります。

① 学びの過程における【困難さの状態】の把握
② 【指導の工夫の意図】を明確化
③ 具体的な【手立て】の実施

また，この指導・支援の実施にあたっては，地域の特別支援学校の助言などを活用していくことも大切です。

次に，各教科などの支援内容の一部を整理したものを紹介します。

● 国語

「見えにくさ，読み」に困難さのある児童の指導・支援

【困難さの状態】文章を目で追いながら音読することが困難な場合，

【指導の工夫の意図】自分がどこを読むのかがわかるように，

【手立て】教科書の文を指などで押さえながら読むように促すこと，行間を空けるために拡大コピーをしたものを用意すること，語のまとまりや区切りがわかるように分かち書きされたものを用意すること，読む部分だけが見える自助具（スリットなど）を活用することなど適切に配慮する。

● 社会

「見えにくさ，注意の集中の持続，同時処置」に困難さのある児童の指導・支援

【困難さの状態】地図などの資料から必要な情報を見つけ出したり，読み取ったりすることが困難な場合，

【指導の工夫の意図】読み取りやすく，わかりやすくするために，

【手立て】地図などの情報を拡大したり，見る範囲を限定したりして，掲載されている情報を精選し，視点を明確にするなどの配慮をする。

● 算数

「見えにくさ，視空間認知の弱さ」に困難さのある児童の指導・支援

【困難さの状態】空間図形のもつ性質を理解することが難しい場合，

【指導の工夫の意図】空間における直線や平面の位置関係をイメージできるように，

【手立て】立体模型で特徴のある部分を触らせるなどしながら，言葉でその特徴を説明したり，見取図や展開図と見比べて位置関係を把握したりするなどの工夫を行う。

● 特別の教科　道徳

「人間関係の形成」に困難さのある児童の指導・支援

【困難さの状態】他者との社会的関係の形成に困難さがある場合，

【指導の工夫の意図】相手の気持ちを想像することが苦手で字義通りの解釈をしてしまうことがあることや，暗黙のルールや一般的な常識が理解できないことがあることなど困難さの状況を十分に理解した上で，

【手立て】例えば，他者の心情を理解するために役割を交代して動作化，劇化したり，ルールを明文化したりするなど，学習過程において想定される困難さとそれに対する指導上の工夫が必要である。

（十文字学園女子大学教授　中西　郁）

理論編

7 障害者差別解消法への対応

すべての学校において，障害を理由とした差別的取り扱いの禁止，および社会的障壁を取り除くための合理的配慮の提供が求められています。

1.障害者差別解消法とは

国は，2007年に「障害者の権利に関する条約」（以下「障害者権利条約」）に署名しました。批准したのは，2014年です。署名は内閣がしますが，批准は国会の承認が必要です。国は障害者権利条約を批准するために，国内法の整備が必要になりました。障害者権利条約の締結には，障害に基づくあらゆる形態の差別の禁止についての対応を求めているからです。

障害者差別解消法の正式名称は「障害を理由とした差別の解消の推進に関する法律」です。障害者基本法の差別の禁止の基本原則を具体化するもので，すべての国民が，障害の有無によって分け隔てられることなく，相互に人格と個性を尊重し合いながら共生する社会の実現に向け，障害者差別の解消を推進することを目的として，2013年に制定されました。正式名称をよく読んでみるとこの法律の趣旨が伝わってくると思います。

そもそも障害者に対してはだれもが「差別はいけないこと」と思っていますが，残念ながら差別と思われることがたくさんおきています。そして，多くの場合きちんと解決されずに，平等な機会などが奪われています。「障害者差別解消法の施行前に視覚障害者団体が行った調査で，盲導犬を連れた視覚障害者がレストランで入店を断られたり，ホテルなどで宿泊を拒否されたりして嫌な思いをしたことがある人が89％もいた」との記事が日経新聞で紹介されました（2016年5月10日号朝刊）。その場で説明し理解を求めたケースでも，約43％の人は差別が解消されなかったと答えています。この事例からもわかるように，障害のない人との平等な機会の保障のためにも，「何が差別か」をきちんと判断できる「ものさし」として，差別から守るための法律が必要なのです。

この法律は，障害者を優遇したり新しい権利をつくったりするものではなく，憲法や人権条約で保障されている権利を，障害者にも同じように保障するためのものです。

2.差別を解消するための措置

この法律は，障害を理由とする差別について以下の二つに分けて整理しています。

・<mark>障害を理由として障害者でないものと不当な差別的取り扱い</mark>をすることにより，<mark>障害者の権利利益を侵害してはならない。</mark>

・障害者から現に社会的障壁の除去を必要としている旨の意思の表明があった場合において，<mark>その実施に伴う負担が過重でないときは，</mark>障害者の権利利益を侵害することにならないよう，当該障害者の性別，年齢および障害の状態に応じて，<mark>社会的障壁の除去の実施について必要かつ合理的な配慮をしなければならない</mark>（事業者は「努めなければならない」）。

具体的な対応として，政府の基本方針の策定，行政機関などの対応要領，主務大臣による事業分野別の対応指針の策定が規定されています。

(1)不当な差別的取り扱い

障害者に対して，正当な理由なく，障害を理由

として，財・サービスや各種機会の提供を拒否すること，提供にあたって場所や時間帯などを制限すること，障害者でない者に対してはつけない条件をつけることなどがあげられています。

学校現場で考えられる具体例として，文部科学省の対応指針には，「学校への入学の出願の受理，受験，入学，授業等の受講や研究指導，実習等校外教育活動，入寮，式典参加を拒むことや，拒まないかわりとして正当な理由のない条件を付すこと」や「試験等において合理的配慮の提供を受けたことを理由に，当該試験等の結果を学習評価の対象から除外したり，評価において差をつけたりする」などがあります。

(2) 合理的配慮

社会的障壁の除去の実施について合理的配慮を行わないことは，障害を理由とした差別にあたることになります。例えば，障害者から要望があった場合，建物の入り口の段差を解消するためにスロープを設置するなど車椅子利用者が容易に建物に入ることができるように対応すること，精神障害のある職員の勤務時間を変更して，ラッシュ時に満員電車を利用せずに通勤できるように対応することがあげられます。合理的配慮は，障害の特性や具体的場面や状況に応じて異なり，多様で個別性の高いものです。代替措置の選択も含めて双方が話し合って理解しあえることが求められます。

学校現場で考えられる具体例として，文部科学省の対応指針には，「入学試験において，本人・保護者の希望，障害の状況を踏まえ，別室での受験，試験時間の延長，点字，拡大文字や音声読み上げ機能の使用等を許可すること」「板書やスクリーン等がよく見えるように黒板等に近い席を確保するなどの配慮を講じること」「読み・書き等に困難のある児童生徒等のために，授業や試験でのタブレット端末等のICT機器使用を許可したり，筆記に代えて口頭試問による学習評価を行ったりすること」などがあります。対応指針などは，各省庁のホームページでも公表されています。

3. 差別を解消するための支援措置

障害者差別解消法では，支援措置として，国が差別や権利侵害を防止するための啓発や知識を広めるための取り組みを行わなければならないとしています。

差別の解消を効果的に推進するためには，障害者やその周囲からの相談に対して的確に応じることや，場合によっては紛争の防止や解決をはかることができるように体制整備が重要になります。法律ではその対応として，既存の相談機関や制度の活用，障害者差別解消支援地域協議会による関係機関などとの連携を示しましたが，対応としては十分ではないとの意見もあります。

4. 学校現場での課題

障害者差別解消法では，障害を理由とした差別の解消を目指し，必要な合理的配慮の提供を求めています。合理的配慮の概念は一般的にはまだ理解が進んでいるとはいえません。特に発達障害など周囲から見えにくい障害については，共通理解が難しいからです。これからは地域も含めて学校全体で障害者差別解消法の理解を進めるとともに，合理的配慮の提供についての障害者（保護者を含めて）と学校側との合意形成をどのようにつくっていくかが重要になると思われます。

多くの学校が，特別支援教育の推進計画を明らかにし，特別支援教育コーディネーターを中心として校内委員会を活性化させ，地域や関係機関などと連携した対応が求められます。

（明官 茂）

理論編

8 就学支援の仕組みと担任としてのかかわり方

障害のある幼児児童生徒に対して，就学時に何か特別な支援が受けられるのでしょうか。その際，学級担任はどのような役割が求められるのでしょうか。

1. 就学時健康診断の役割と限界

就学時健康診断とは，初等教育を受ける5～6ヵ月前（文部科学省のガイドラインでは11月30日まで）に行われる健康診断のことです。学校保健安全法に基づいて，次年度に初等教育を受ける予定である幼児に対して，心身の健康を確認することを目的として，視力・聴力・耳鼻咽喉・歯科などの検査や知的発達の検査（精神発達，言語，情緒），面接などが行われます。

幼児の発達が気になる場合，就学時健康診断の結果は就学先を決める要素の一つとなります。しかし，就学時健康診断は必須ではなく，すでに通常学級，特別支援学級，特別支援学校などへの就学を決めている人は受けないことがあります。

2. 就学先に関する学校教育法施行令の改正

文部科学省は，「共生社会の形成に向けたインクルーシブ教育システム構築のための特別支援教育の推進」(2012)をふまえつつ，2013年に障害のある児童生徒などの就学先決定の仕組みに関する学校教育法施行令の改正を行いました。

その具体的な改訂項目は，以下の四点があげられます。

①就学基準に該当する障害のある児童生徒などは，原則特別支援学校に就学するという従来の仕組みを改め，障害の状態などをふまえた総合的な観点から就学先を決定する仕組みへ改正。

②障害の状態などの変化をふまえた転学に関する規定の整備。

③視覚障害者などである児童生徒などの区域外就学に関する規定の整備。

④保護者および専門家からの意見聴取の機会の拡大。

3. 就学後のフォローアップと柔軟な対応

「教育支援資料」（文部科学省，2013）では，「就学時に決定した『学びの場』は，固定したものではなく，それぞれの子供の発達の程度，適応の状況等を勘案しながら，小中学校から特別支援学校への転学又は特別支援学校から小中学校への転学といったように，双方向での転学等ができることを，すべての関係者の共通理解とすることが重要である」としています。

こうしたフレキシブルな対応を行う基盤として，教育相談や「個別の教育支援計画」に基づいて，関係者による定期的な会議などを行って見直すことを求めています。

また，就学に関するガイダンスにおいて，「就学相談の初期の段階で，就学先決定についての手続きの流れ，就学先決定後も柔軟に転学ができることなどを本人・保護者にあらかじめ説明を行うことが必要である」ともしています。

4. 障害の種類・程度と就学先決定の留意点

学校教育法施行令第22条の3において，視覚障害者，聴覚障害者，知的障害者，肢体不自由者または病弱者の障害の程度が定められています。以前の就学先決定の仕組みにおいては，これに該当する者が原則として特別支援学校に就学するという「就学基準」になっていました。

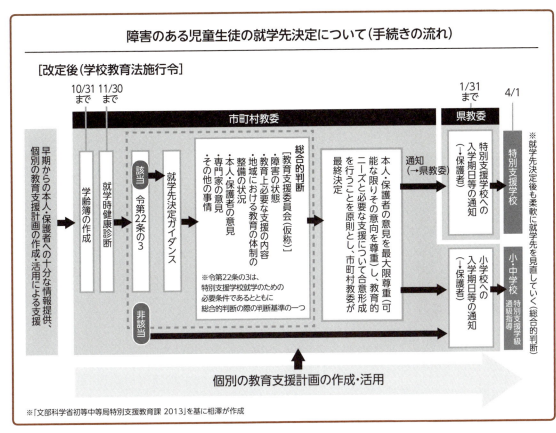

　しかし，学校教育法施行令の改正により，障害の状態に加え，教育的ニーズ，学校や地域の状況，保護者や専門家の意見などを総合的に勘案して，障害のある児童生徒の就学先を個別に判断・決定する仕組みへと改められました。

　したがって，学校教育法施行令第22条の3は「就学基準」としての機能ではなく，特別支援学校に入学することができる障害の程度を示すものとなりました。ですから，安易に「特別支援学校適」などの表現を行うことは，厳に慎まなければいけません。

5. 学級担任に求められること

　小・中学校の通常学級の担任は，障害のある児童生徒の就学後における状態などの変化に，敏速に対応することが求められています。そのため，特別支援教育に関する一定の知識・技能を有すること，特に発達障害に関する一定の知識・技能を有することは，いまや必須のこととなっています。

　少なくとも，就学時に教育支援委員会などでの検討がなされた児童については，通常学級に在籍したとしても，「個別の指導計画」および「個別の教育支援計画」を作成する必要があるでしょう。将来的に通級指導教室の利用を希望されたり，特別支援学級への移行を考えたりする場合が想定されますし，学校生活の中で合理的配慮を求められることも十分に考えられるからです。そうしたときのスムーズな引き継ぎや，これまでの支援の経緯，実態の変化の把握などにも，計画書は必要な情報源となります。

　また，担任となった先生は，将来の自立を目指して取り組まれる「自立活動」の内容への理解もあるとよいと思います。「自立活動」の6領域27項目を視点とし，学力的な側面だけではなく，現段階から身につけていくことが望ましい力は何か，ということについても本人・保護者とともに共通理解をはかっていくことが大切です。

　小学校に入学したときから将来の姿を見据え，望ましい成長・発達の場につなげていきたいものです。

（京都教育大学教授　相澤 雅文）

9 保護者や関係機関との連携

先生は保護者と信頼関係を築いていくためには，どのような対応をしたらいいでしょうか。また，福祉や医療などの関係機関との協力関係をつくるには，どうしたらいいでしょうか。

1. 保護者のニーズを把握する

　特別な支援を必要とする児童生徒の保護者に対応するのは，まずは担任です。保護者から児童生徒についての相談を持ちかけられることもあるでしょうし，また，学校での様子を保護者に伝えていくための話し合いを設けることもあるでしょう。

　先生にとって，保護者対応における留意事項はなんでしょうか。まず保護者自身の子どもに対する気持ちと不安を推測し，共感的な理解をすることです。保護者は障害（疑い）のある子どもの子育てにおいて，さまざまな不安をもちストレスを感じています。就学前からわが子の発達が他の子どもと異なっていると気づいた場合は，その原因が何であるか不安になったり，まわりからの視線や声にストレスを感じていたかもしれません。

　学齢期においては，児童生徒の学習や行動面での課題，友だちとの関係を心配し，先生との関係や他の保護者とのかかわりについても不安やストレスがある場合が少なくありません。家庭においては，夫婦の意見の違い，祖父母との関係，兄弟姉妹のこともストレスの要因となります。

　先生は，保護者の思いに寄り添って共感的な理解をすることが大切だと頭ではわかっていますが，口だけで「お母さんも大変ですね」とか「大丈夫ですよ」といったりしても，先生が真剣に向き合っていなければ，保護者は「先生は私の心配や不安をしっかりと受け止めてくれた」と実感しないでしょう。先生が保護者の悩みや不安に寄り添いながら，児童生徒のことを一緒に考えていく姿勢を示さなければ，保護者との信頼関係は築いていくことができません。保護者との信頼関係がなければ，その後の支援が空回りしていきます。

　児童生徒のニーズ（needs）を把握するのは専門家である先生の役割ですが，先生には保護者のニーズを受け止める力も必要です。保護者からの願い（desire）や要望（demand）を受け止めながらも，保護者にはどのようなニーズがあるかを考えることによって，冷静な対応ができます。「勉強ができるようになってほしい」は願いですし，「うちの子どもをもっと見てほしい」は要望です。「先生は自分の子どものことをよく見てくれているという安心感」がニーズです。保護者にとってのニーズを考え把握することが，共感的な理解につながります。

2. 保護者と協働して支援する姿勢が必要

　先生が保護者対応に困るケースとして，保護者が子どもの特別なニーズに気づいていないケース，また，気づいていても受け入れようとしないケースがあります。子どもの行動をあたり前であると考えて問題に気づいていない場合には，学校と家庭での子どもの行動に大きな違いがあるかもしれません。学校での問題行動を一方的に説明すると，保護者も反発をして，先生の指導のせいにするかもしれません。あるいは先生から子どもの育て方を責められたり，批判されたりしていると思うかもしれません。

　家庭での様子や保護者の対応方法も聞きなが

ら，児童生徒の行動や学習に関するつまずきについて共通理解をはかっていきましょう。さらに，保護者には学校での様子も見てもらい，十分な話し合いを通してお互いの考えを認め合いながら保護者と協働して支援にあたっていく姿勢が先生に求められます。信頼関係がベースにあると，先生と保護者とが協働して支援にあたっていくことができます。

保護者が非協力的だったり無理解だったりする場合，学校としては児童生徒のことを思って保護者を非難したくなるかもしれませんが，それでは決して前に進んでいきません。保護者が協力できない状況や理解できない状況を推し量り，保護者自身にとってのニーズを考えましょう。

保護者にとっては，学校側のいう問題や障害を受け入れるには時間も必要ですし，肯定と否定，希望と失望が行きつ戻りつしている不安定な状態にあります。保護者には，児童生徒の問題行動だけでなく長所や学校でのよい行動なども伝えながら，時間をかけて働きかけていきましょう。

なお，保護者自身の不安が非常に強かったり，家族関係が緊張状態にあったりする場合には，医療・保健・福祉などの関係者に協力を求め，より多面的な家庭介入支援を考える必要があります。

保護者と話し合いをするときには，内容によっては特別支援教育コーディネーターなど複数の先生で対応することが望ましいでしょう。特別支援教育コーディネーターが中立的な進行役を務め，保護者からの話を聞き取り，担任が学校での様子や支援について説明をするなど役割分担をすると円滑な話し合いになります。

3.関係機関との情報交換も大切

新しい学習指導要領において，特別支援学級や通級による指導を受けている児童生徒についても「個別の教育支援計画」や「個別の指導計画」を作成し，効果的に活用することになりました。個別の指導計画の作成においては保護者に参加してもらうと，児童生徒の特性と課題をふまえて長所を伸ばす指導・支援について，一緒に考え共通理解をはかるよい機会になります。

保護者が参加できない場合には，計画作成後に個人面談の機会などを利用して，個別の指導計画を提示して学校での目標と手立てについて具体的に説明する必要があります。

個別の教育支援計画も作成することになりましたが，これは乳幼児期から学校卒業後までを通じて長期的な視点で一貫した的確な教育的支援を行うことを目的とするものであり，福祉・医療・労働などの関係機関と密接な連携協力を確保するためのものです。児童生徒・保護者が利用してきた関係機関を学校が把握し，関係機関と連携をとるためのツールとして活用します。

また，個別の教育支援計画を作成しながら，利用したほうがいい関係機関について保護者にアドバイスすることも有効でしょう。

保護者の同意を得た上で，児童生徒の学校での様子や指導方針・手立てなどを医療機関や療育機関などに具体的に伝えるとともに，関係機関からも必要な情報を提供してもらい，学校での指導に生かしていきたいものです。

学校は保護者に対して，学校での指導についての説明責任があります。誠実に対応し保護者との信頼関係が築ければ，児童生徒の教育・指導も円滑に進みます。保護者対応がうまくいった経験は，先生としての資質の向上にもつながるでしょう。

（宇都宮大学教授　池本 喜代正）

理論編

10 学校の特別支援教育体制の構築への期待

学校の特別支援教育体制の構築は，校長のリーダーシップの下，各教職員が役割を担ってこそ実現します。担任にとって，授業づくりは大きな役割であり，授業づくりの過程もまた，体制づくりの大事な過程です。

2017年3月，小学校学習指導要領および中学校学習指導要領（以下，「小・中新指導要領」）が公示されました。

小・中新指導要領では，総則において「障害のある児童（生徒）などへの指導」[（　）は中学校学習指導要領，以下同じ）]として，障害のある児童生徒への指導に関して現行の学習指導要領よりも詳細に記述しています。学習指導を中心とした体制整備には，これらの記述に即して考えることが建設的です。以下，小・中新指導要領本文（囲み部分）に即して実際的な視点から考えていきます。

1. 特別支援学校等との連携

> **ア** 障害のある児童（生徒）などについては，特別支援学校等の助言又は援助を活用しつつ，個々の児童（生徒）の障害の状態等に応じた指導内容や指導方法の工夫を組織的かつ計画的に行うものとする。

続く「イ」「ウ」では，特別支援学級，通級による指導といった場ごとの指導のあり方が記述されていますが，この「ア」では，小・中学校で特別支援教育を実施する上での特別支援学校などとの連携を，総論的に示しています。特別支援学校学習指導要領などでは特別支援学校のセンター的機能がいわれてきました。この実績の下，特別支援学校，小・中学校それぞれの特別支援教育コーディネーターの連携を軸に，学校間の連携がすでに機能しています。実際には特別な支援を要する件数の多さからなかなか頻繁に顔を合わせて連携をはかることが困難な状況もあります。指導内容や指導方法の工夫には，授業研究会などでのノウハウの共有などを通して，効率的な連携も必要でしょう。

2. 特別支援学級

> **イ** 特別支援学級において実施する特別の教育課程については，次のとおり編成するものとする。
> **（ア）** 障害による学習上又は生活上の困難を克服し自立を図るため，特別支援学校小学部・中学部学習指導要領第7章に示す自立活動を取り入れること。
> **（イ）** 児童（生徒）の障害の程度や学級の実態等を考慮の上，各教科の目標や内容を下学年の教科の目標や内容に替えたり，各教科を，知的障害者である児童（生徒）に対する教育を行う特別支援学校の各教科に替えたりするなどして，実態に応じた教育課程を編成すること。

今回の学習指導要領では，小学校や中学校においても自立活動の指導を取り入れることの必要性が明記されました。自立活動の指導は，指導時間を設けて行う場合と各教科などの指導の中で行う場合があり，この指導を計画するには，教科など横断的な指導計画の作成が必要となります。後述する個別の指導計画が，そのための俯瞰図として有効です。自立活動の内容から対象児童生徒の教育的ニーズに即した内容を授業ごとの具体的な活動に即して特定し，指導できるようにします。知的障害のある児童生徒には，知的障害者である児童（生徒）に対する教育を行う特別支援学校の各教科の適用が有効です。児童生徒の生活年齢や障害の状態に即して，柔軟に教育内容を選択組織することが求められます。

3. 通級による指導

> ウ 障害のある児童（生徒）に対して，通級による指導を行い，特別の教育課程を編成する場合には，特別支援学校小学部・中学部学習指導要領第7章に示す自立活動の内容を参考とし，具体的な目標や内容を定め，指導を行うものとする。その際，効果的な指導が行われるよう，各教科等と通級による指導との関連を図るなど，教師間の連携に努めるものとする。

　通級による指導は，1993年度から小・中学校において制度化されました。従前この指導は，単なる教科学習の補習指導とされることも指摘されてきましたが，障害に基づく生活上または学習上の困難の改善・克服をはかるために自立活動の内容を参考にすることで指導が焦点化されます。

　実際には，自立活動の指導と教科学習の補習指導の明確な区別が困難な場合も少なくありません。その場合，個別の指導計画において自立活動の指導目標および内容を明確にしておくことが必要です。そのような計画の下での指導であれば，形式的には教科学習の補習指導と見えるとしても通級による指導として十分に機能し得るものです。

4. 個別の教育支援計画及び個別の指導計画

> エ 障害のある児童（生徒）などについては，家庭，地域及び医療や福祉，保健，労働等の業務を行う関係機関との連携を図り，長期的な視点で生徒への教育的支援を行うために，個別の教育支援計画を作成し活用することに努めるとともに，各教科等の指導に当たって，個々の児童（生徒）の実態を的確に把握し，個別の指導計画を作成し活用することに努めるものとする。特に，特別支援学級に在籍する児童（生徒）や通級による指導を受ける児童（生徒）については，個々の児童（生徒）の実態を的確に把握し，個別の教育支援計画や個別の指導計画を作成し，効果的に活用するものとする。

　特別支援学校ではすべての児童生徒に個別の教育支援計画及び個別の指導計画を作成していますが，小・中新指導要領では，特別支援学級に在籍する児童生徒および通級による指導を受ける児童生徒についても作成が義務づけられました。通常学級に在籍し，通級による指導を受けていない児童生徒の場合も，個別の教育支援計画および個別の指導計画の作成に努めることになります。

　特に通常の学級担任の先生方には作成は簡単ではないかもしれませんが，特別支援教育コーディネーターや特別支援学級担任，通級による指導担当教員といった特別支援教育の専門性のある先生方との連携の下，作成することが望ましいでしょう。これらの計画には学校によって書式が異なる場合がありますので，校内で統一した書式を使用することは，連携を容易にする上でも有効です。

5. 交流及び共同学習

　また，小・中新指導要領には「障害のある幼児児童生徒との交流及び共同学習の機会を設け，共に尊重し合いながら協働して生活していく態度を育むようにすること」も規定されています。交流及び共同学習は，従前より成果を蓄積していますが，今後は，通常の学級担任と特別支援学級や特別支援学校などの先生との指導計画の共通理解をはかるとともに，児童生徒の育成を目指す資質・能力を明確にし，展開していくことが求められます。

（植草学園大学教授　名古屋 恒彦）

理論編

11 特別支援教育コーディネーターにはどのような役割があるのでしょうか。

校内にはさまざまな役割の先生がいますが，特別支援教育コーディネーターもその中の一人です。いろいろな仕事をしているようですが，全体像がつかめません。特別支援教育コーディネーターは，校内でどのような役割を担っているのでしょうか。また，どのようなところで，学級担任とかかわってくるのでしょうか。

1. 特別支援教育コーディネーターの役割

現在どの学校にも特別支援教育コーディネーターがいて，特別支援教育にかかわるさまざまな業務を担っています。内容についてはまだ「どの学校でも十分に機能している」とはいえないところもあり，「A小学校とB小学校ではコーディネーターのやっていることが違う」と思われ，全体像が見えにくいかもしれません。しかし，基本的にはどの学校でも同じ役割が求められています。

2007年4月に文部科学省が示した「特別支援教育の推進について(通知)」の中で，「各学校の校長は，特別支援教育のコーディネーター的な役割を担う教員を『特別支援教育コーディネーター』に指名し，校務分掌に明確に位置付けること。また，特別支援教育コーディネーターは，各学校における特別支援教育の推進のため，主に，校内委員会・校内研修の企画・運営，関係諸機関・学校との連絡・調整，保護者からの相談窓口などの役割を担うこと。また，校長は，特別支援教育コーディネーターが，学校において組織的に機能するよう努めること」と明記しています。これを受けて各学校での業務がスタートしました。

具体的な役割としては，以下のことがあげられます。

(1) 校内の先生の相談対応

担任など，児童にかかわっている先生の悩みに耳を傾けます。悩みの内容や状況を把握・整理して，解決に向けたその後の対応を考える相談の窓口となります。

(2) 校内外の関係者との連絡・調整

校内委員会で検討する，専門家から助言を得るなど，担任から受けた相談の対応のため，学校内外の関係者をつなぐ連絡窓口となります。担任をチームとして支えるための調整役になります。

(3) 地域の関係機関とのネットワークづくり

連絡・調整をする中で知り合った関係者のネットワークをつくります。気軽に連絡を取り合える関係づくりをしておくことで，次の課題に取り組むときの対応の速さに違いが出てきます。地域の連絡会などにも積極的に参加して，顔をつなぐことも大切です。

(4) 保護者の相談窓口

保護者の心配や学校への要望などを聞くことも，コーディネーターに求められる役割です。「だれに相談したらよいかわからない」「担任に話すのはちょっと…」など保護者にもさまざまな思いや事情があります。

また，保護者の相談を担任や管理職，校内委員会につなぐなど整理して調整することができます。広く学校全体を見渡して対応できる強みがあります。

(5) 教育的な支援

担任が行う児童への支援・指導について助言したり，対応の検討をするために校内委員会を運営したり，研修会を開催したりすることも大切な役割の一つです。校内で特別支援教育の推進をはかります。

2. 学級担任と特別支援教育コーディネーターとの連携

学級担任は，このような役割をもつ特別支援教育コーディネーターと，どのような連携が必要でしょうか？

2006年6月に学校教育法が改正，2007年に一部改正され，「幼稚園，小学校，中学校，高等学校，中等教育学校においては，次項各号のいずれかに該当する幼児，児童及び生徒その他教育上特別の支援を必要とする幼児，児童及び生徒に対し，文部科学大臣の定めるところにより，障害による学習上又は生活上の困難を克服するための教育を行うものとする」と規定され，小・中学校においても，在籍する特別な支援を必要とする児童生徒などへの適切な教育を行うことが明示されました。

これにより，すべての学級担任が特別支援教育に携わる一員となりました。学校全体の取り組みとして特別支援教育を推進していくために，特別支援教育コーディネーターとの連携が重要になります。

以下に，具体的な連携の例を示します。

(1) 発達障害のある児童への対応

通常の学級にも発達障害があるなど特別な支援が必要な児童が在籍しています。個々の児童に求められる合理的配慮について相談する必要があります。医療や福祉との連携についても相談してください。

(2)「個別の指導計画」と「個別の教育支援計画」

児童の障害などに応じた指導の内容や方法の工夫を計画的・組織的に行うには，計画を作成してそれに基づいた指導・支援を行い，評価をすることが大切です。

また，引き継ぎ資料としても大変有効です。特別支援学校などの助言を受けるための連絡・調整を依頼しましょう。

(3) 交流および共同学習

共生社会の実現を目指し，交流および共同学習の一層の充実が求められています。障害のある児童と障害のない児童の相互理解を促進するための取り組みを行います。内容や方法の相談，理解推進のための授業の相談などが必要となります。

(4) 学校全体としての取り組みの推進

障害のある児童の教育は，特別支援学級や通級による指導だけでなく，学校全体の課題となりました。校内委員会を機能させ，組織的に取り組む必要があります。

また，特別支援教育にかかわる業務は多岐にわたります。特別支援教育コーディネーター一人で行うことはできません。その意味でもいろいろな連携が必要です。

(5) 関係機関との連携の推進

特別支援教育の推進体制を整えていく必要があります。先生，児童，保護者への理解推進活動も大切です。特別支援学校をはじめとする関係機関との連携協力が重要になります。特別支援教育コーディネーターのネットワークを活用しましょう。

特別支援教育コーディネーターは「特別支援教育を担う人」ではなく，「担う先生方の後押しをする人」です。上手に連携し，学級運営を行ってください。

(東京都立町田の丘学園　前田 真澄)

12 東京都における特別支援教室では，どのような指導が行われているのでしょうか。

東京都における特別支援教室は，都内の公立小学校すべてに設置され，小学校に在籍している発達障害のある児童を対象に，巡回指導教員が指導を行うものです。

1.東京都が独自に開始した特別支援教室

東京都では2016年度から，それまでの「情緒障害等通級指導学級」（一般には通級指導教室）を改め，すべての公立小学校に特別支援教室を設置（準備が整った区市町村から順次）し，発達障害（高機能自閉症，アスペルガー症候群，注意欠陥多動性障害，学習障害など）のある児童を対象として，先生が巡回する形での指導を開始しました。この方式での発達障害などのある児童への支援は，東京都が独自に開始したものです。

従前の情緒障害等通級指導学級は，いわゆる通級による指導の通級指導教室であり，すべての公立小学校に設置されていたわけではありません。

したがって，児童によっては，他校にある通級指導学級に出かけていき指導（いわゆる他校通級）を受ける形をとっていました。他校通級を実施する場合，児童の在籍校教員と通級による指導担当教員の連携が日常的にははかりにくいという課題がありました。また移動に時間を要する場合，その間の授業を受けることができない，保護者の送迎の負担があるなどの課題もありました。

それに対し，特別支援教室では，特別支援教室巡回を担当する先生（巡回指導教員といいます）が，児童の在籍校を訪問して指導を行うため，在籍学校の担当教員などとの連携がはかりやすいというメリットが指摘できます。いうまでもなく，特別な支援を必要とする児童に対して在籍校では，担任ばかりではなくさまざまな先生がそれぞれの役割の中で支援を行っています。

他校通級ですと，通級による指導担当教員がそれら在籍校での先生と連携を取ることには制約がありました。特別支援教室に巡回指導教員が訪問する形であれば，必要に応じて在籍校の複数の先生と顔を合わせた連携をすることも可能になります。加えて児童の移動もなくなり，移動時間や送迎の課題も解消できます。

すべての公立小学校に設置しますので，より手厚い支援を実現することも可能になります。

指導内容や指導時間は，従前の通級による指導のとおりです。

特別支援教室はすべての公立小学校に設置されることになりますが，巡回指導の拠点校が設けられます。

特別支援教室での指導対象となる児童は，保護者との合意に基づいて各小学校の校長が申請し，区市町村教育委員会が決定します。巡回する日数は指導対象となる児童数や時間数に応じて，学校および区市町村教育委員会が決定することとされています。

巡回指導教員は，特別支援教室での指導だけでなく，在籍学級での支援も行うこととされています。

また，特別支援教室の導入を円滑に行うために，特別支援教室専門員（非常勤）の配置および，臨床発達心理士などの巡回が行われます。特別支援教室専門員（非常勤）は，巡回指導教員や特別支援教育コーディネーター，在籍学級担任などとの連絡調整および個別の課題に応じた教材作成，

児童の行動観察や記録を行います。臨床発達心理士などは児童の行動観察を行い，障害の状態を把握し，巡回指導教員や在籍学級担任などに指導上の配慮について助言を行います。

以上が，東京都における特別支援教室の概要です。詳しくは東京都教育委員会のホームページ（URL：http://www.kyoiku.metro.tokyo.jp/school/primary_and_junior_high/special_class/about.html）をご覧ください。

また，今後，都内のすべての公立中学校にも設置されるようになる計画です。

2.「特別支援教室（仮称）」構想との関係

「特別支援教室」という名称自体は，文部科学省から委嘱された調査研究協力者会議によって2003年に出された「今後の特別支援教育の在り方について（最終報告）」に見られます（前年2002年の中間まとめにも言及されています）。そこでは，以下のように述べられています。

「特殊学級の機能として，その制度の本来の趣旨を尊重し，盲・聾・養護学校の対象とはいえない程度の教育的ニーズを有する障害のある子どもを教育する機能を今後も持たせることが適当であり，この場合には，これまでの交流学習等の実践でも明らかなように，他の子どもと共に学習すること，又は，生活する時間を共有することが有効であると考えられる。

このため，小中学校に在籍しながら通常の学級とは別に，制度として全授業時間固定式の学級を維持するのではなく，通常の学級に在籍した上で障害に応じた教科指導や障害に起因する困難の改善・克服のための指導を必要な時間のみ特別の場で教育や指導を行う形態（例えば「特別支援教室（仮称）」）とすることについて具体的な検討が必要と考える」

この報告の後，中央教育審議会によって2005年に出された「特別支援教育を推進するための制度の在り方について（答申）」では，次のように述べられています。

「『特別支援教室（仮称）』の構想が目指すものは，各学校に，障害のある児童生徒の実態に応じて特別支援教育を担当する教員が柔軟に配置されるとともに，LD・ADHD・高機能自閉症などの児童生徒も含め，障害のある児童生徒が，原則として通常の学級に在籍しながら，特別の場で適切な指導及び必要な支援を受けることができるような弾力的なシステムを構築することであると考えられる。

この考え方は，小中学校における特別支援教育を推進する上で，極めて重要であり，また，すでに特殊学級と通常の学級との交流教育という形で弾力的な運用が行われている例があることも踏まえれば，『特別支援教室（仮称）』の構想が目指しているシステムを実現する方向で，制度的見直しを行うことが適当である」

以上，中央教育審議会などで言及される「特別支援教室（仮称）」構想は，特別支援学級および通級による指導の実績をふまえた全般的な見直し構想ということができますが，東京都の特別支援教室は，現行法令が定める通級による指導の範囲内での新たな実践形態であると指摘することができます。

しかし，今後のわが国における「特別支援教室（仮称）」の検討に有益な検討材料を提供する実践と考えられます。

（名古屋 恒彦）

理論編

13 通級による指導における通級指導教室担当と通常学級担任との連携について

　現在，通級による指導には自校通級，他校通級，巡回指導（拠点校の先生が学校を巡回して指導する支援形態）と，大きく分けると三つの支援形態があります。どの支援形態でも，通級指導教室と通常学級との連携がより重要性を増しています。

1. 通級指導教室と通常学級担任との連携

　2017年に公示された改訂学習指導要領では，それまで特別支援学校に義務づけられていた「個別の指導計画」や「個別の教育支援計画」の作成が通級による指導を受ける児童についても義務とされました。また，2016年には「障害者差別解消法」が施行されたことに伴い，個別の指導計画や個別の教育支援計画にも，「合理的配慮」に関する具体的な内容を明記することも必要となりました。

　児童の特性や指導の意図について共通理解をはかり，指導方針の一貫性を保つために，通級指導教室と通常学級が連携して個別の指導計画を作成する動きが広がっています。通級指導教室担当と通常学級担任が連携して作成する「連携型個別の指導計画」は，一人ひとりの児童が抱える教育的ニーズをしっかりとつかみ，支援することにつながります。

　年間の指導目標も通常学級，通級それぞれで設定していきますが，通級の指導目標とそれに関連した内容において，通常学級で児童に実現させたい姿を通級の先生と通常学級の担任がそれぞれ明確に具体的に表現していきます。多くの時間を通常学級で過ごす児童が，通級による指導で培った知識や技能を通常学級で生かすことができることは，児童にとって安心して学べる環境が整うことに通じます。

　また，家庭，地域および医療や福祉などの関係機関との連携もはかり，長期的な視点で児童への教育的支援を行うために，個別の教育支援計画を作成していくことが求められています。この計画は，児童一人ひとりに対するきめ細やかな指導や支援を組織的・継続的，計画的に行うために重要な役割を担っています。

2. 通常学級につながる「通級による指導」の内容

　通級による指導では，児童の状態や特性に応じて，特別支援学校小学部・中学部学習指導要領に示す自立活動の内容を参考にした指導を行い，学習上・生活上の困難を改善しています。その児童に合った方法で教科を学び，学習上の苦手を克服したり，学習意欲を高めたりすることも行います。

　通級による指導で児童のニーズをふまえながら通常学級の学習内容を予習的に扱うことで，プラスになることがたくさんあります。通級による指導で効果的だった手立てを通常学級でも同じように活用することで，児童の苦手意識の解消をはかることができたり，達成感を感じることができたり，本人の理解力を伸ばしたりすることにつながります。

　また，通級による指導で有効であった手立てを通常学級の担任に伝えることは，児童の学習環境を整えることにもなります。

　例えば，通常学級で行われる漢字テストを通級のときに提示し，児童に応じた目標を設定し，その児童に合った漢字学習の方法で漢字を書けるようにすることなど，通常学級で成果を発揮する機会をとらえて学習することもあります。

　通級での漢字学習は，児童に合った学習方法

で進めます。モールや針金，粘土など手で操作することで漢字を構成する，ホワイトボードに身体全体を使って大きく書く，漢字の三択問題で細部を見比べて正しい漢字を選ぶ，途中まで書いた漢字を完成させる，へんとつくりのカードを組み合わせて漢字を構成するなど，これをやったら覚えることができると児童が感じている方法で漢字テスト対策をするのです。

　また，国語の物語文や説明文を先取りして読ませ，意味のわからない言葉を確認しておくと，通常学級での授業に取り組みやすくなります。

　学習面だけではありません。「いらいらしてきたら，どうしたらいいのだろう」と通級で対処法を考えたとき，Aさんが選んだ行動が「水を飲んで深呼吸する」でした。このことを通常学級の担任に伝えることで，教室でいらいらした瞬間を見かけたら，「Aさん，水飲んできていいよ」とうながしてもらうことが可能です。

　通級での小さな支援が通常学級でプラスに作用し，"うまくいった経験"を積み重ねることにつながります。

3. 通常学級や通級における児童の様子を共有する

　自校通級，巡回指導であれば，放課後やお互いの空き時間を使い，通常学級の担任と通級で有効であった手立てを共有したり，児童が意識して取り組もうとしていることを話題にしたりすることが容易にできます。通級では個別に児童とかかわることで，小さな変容，意識の微妙な変化に気づくことができます。

　「ぼく，どうしても手が動いちゃうんだ。定規を見るとすぐパタパタしたくなる」といっていたBさんが，「定規を見てもパタパタをしないでがんばってみる」と発言したときには，「Bさん，"定規のパタパタ"やめようと思っていて，がまんしてみるといっています。様子を見て『がんばっているね』と声をかけてもらえますか」と担任と情報を共有し，通常学級での児童の取り組みをバックアップすることができるのです。

　また，機会をとらえて通級の担当が通常学級の授業を観察したり，通常学級の担任が通級指導教室の様子を観察したりすることは，双方にとってプラスになることがたくさんあります。例えば，担任が通級指導教室での学習状況を把握することができれば，通常学級での学習内容に通級児の発言や発表の機会を意図的に取り入れ，活躍できる場をつくることができます。

　一方，通級担当の先生が通常学級の授業の様子を観察すると，通級児の周囲にいる児童の特性や学級の雰囲気，教室での座席の配置，通級では聞きもらしてしまう一斉の指示の出し方，板書をノートに写す際の配慮など，たくさんの情報を得ることができます。

　それらの情報を基にして，指導内容や方法，必要な配慮や支援についてお互いにオープンにやり取りすることができるように，通常学級の担任と通級担当の先生間の関係性を構築することがとても重要です。

　通級では学び方のスタイルや認知特性に応じた指導をし，コミュニケーション能力や集団適応力の向上をはかる指導をしています。通級と在籍学級が連携することで，学級の中でも児童の特性をふまえた効果的な指導，支援を進めることができます。学級全体，学校全体の特別支援教育の推進につながるのです。

（東京都北区立滝野川第三小学校　本谷 あゆみ）

Q&A編

教育実践上の想定される対応や課題を例示し，その解決策や対応例を示しています。保護者や児童生徒からの個別の配慮や支援の要求，合理的配慮の要求，授業でのユニバーサルデザインの対応，障害理解教育や差別事象への対応，交流および共同学習の実施上の課題など，現実的な課題を例示しました。回答は，原則的にインクルーシブ教育の推進，障害のある児童生徒の受け入れの促進の視点からの解説としました。

Q&A 編

Q1 「先生が障害のある児童一人だけをひいきにしていてずるい!」といわれました。どのようにして誤解を解消したらよいでしょうか。

合理的配慮って，ひいきなの？

黒板の文字を書き写すのが，大変そう

タブレットを手もとに置いて使うといいよ

えーっ，なんであの子だけタブレット使っていいの？ずるーい！

A 得意なこと，苦手なこと，手助けしてほしいことは，一人ひとりみんな違います。

学校教育で培うべき力は，「生きる力」です。「自分でできるようになること」です。それは，今回改訂された学習指導要領でも，「生きる力」を育成する三つの柱（「知識・技能」「思考力・判断力・表現力など」「学びに向かう力・人間性など」）として具体的に示されています。

人間はそれぞれに個性があります。授業で何かを教わっても，全員が一律にわかるようにはなりません。だれにも「得意なこと」や「苦手なこと」があるからです。

そして，「わかる・できるようになる」ために，「苦手なところ」を支援するのが学校教育の大事な使命なのです。児童一人ひとりが「わかるようになる」ために異なる支援をしたからといって，それは「ひいき」ではありません。

特に，障害があるために学習上・生活上の困難がある場合には，障害者の権利に関する条約に基づき，その困難を支援するための「基礎的環境整備」と「合理的配慮」を実施することが定められました。

さらに2016年4月からは，「障害を理由とする差別の解消の推進に関する法律」が施行され，「合理的配慮」が法的な義務となりました。今までは行っていなかったこと，学校全体の生活指導の決まりなどから導入が難しいとされてきたことについても，個別の教育支援計画などで支援が必要とあげられている内容については，躊躇なく積極的に行っていく時代となったのです。

しかし，児童には，今までの学校の決まりなどもあり，児童の目線に合わせたわかりやすい説明を行っていく必要があります。

まずは本人・保護者と話し合って，他の児童にどのような説明をしていくか，合理的配慮の導入前に話し合っておく必要があります。

本人や保護者の意向によっては，「障害」という言葉を出さずに他の児童の納得を得たい，という

ケースもあるでしょう。そこでの説明のしかた(だれに対して，どのような場で説明するのか)，説明の言葉 (どのような言葉で表現するのか)は，後で他の児童や保護者の間でも使われるようになりますので，慎重に確認することが大切です。

また，校内の教職員もその内容を熟知して，率先して配慮や支援を行うことが重要です。合理的配慮の内容にもよりますが，全職員へ遺漏のない周知を行います。

さらに，その配慮や支援が当該児童にとって，適切であったかどうか，評価し改善していくことも大切です。

ここがポイント　合理的配慮を行うにあたって

- まず，本人・保護者の意向を尊重する
- 対象児童の診断名から想定される一般的な合理的配慮について調べておく
  (参考：国立特別支援教育研究所：inclusive.nise.go.jp/index.php?page_id=40)
- 基礎的環境整備や合理的配慮を実施するには，予算が伴うこともあるので教育委員会との連携を大切にする

ベテラン先生からの アドバイス

タブレット端末などを導入する場合には，他の児童も関心が高く，「自分も使いたい」という気持ちから，「どうして〇〇さんだけなの?」「ひいきにしている!」という表現をする児童もいます。そんな場合には，〇〇さんを理解するためにも，「ぜひ一緒に使ってみてはどう?」とうながします。学習上のニーズがない場合には，楽しくてもすぐに不要となり，自分から使わなくなります。あるいは，〇〇さんよりも上手に使えるようになり，〇〇さんにとっても使い方のコツを学ぶ機会となったりもします。

往々にして，「ひいきにしている」と訴える児童や保護者の心の底には，「自分を見てほしい」という気持ちがあります。訴えの内容をていねいに聞き，合理的配慮の説明をしたり，まわりの児童の支援の役割なども具体的に示したりすることで，よりよい理解者・支援者となっていく場合もあります。いずれにしても，障害を理解し認識するよい機会ととらえて，必要があれば何度でも説明をしていくことがよいでしょう。

そして，できれば「障害の有無」という視点より，「教育的ニーズ」という視点から説明していくと，国籍や家庭環境などいろいろな違いに対して，互いに支え合う気持ちが芽生えてきます。これを「ダイバーシティインクルージョン」といいますが，目指すところはそうした広義での「共生社会」なのです。

(聖徳大学大学院教授　太田 裕子)

Q&A編

Q2 障害のある児童をしかることなく指導するには，どうしたらよいでしょうか。

問題行動がくり返されると，どうしてもしかることが多くなってしまう…。

カウンセラーからは「無視することが大事」といわれるけれど

やっぱり気になって，ついしかってしまう…

私は，こういう児童の担任に向かないのかな…

A ポジティブな目で児童を見る習慣を身につけましょう。

「問題行動をくり返す子どもたちは，『困った子』ではないのです。自分でも，どうしたらよいのかわからなくて，『困っている子』なんです。なので，頭ごなしにしかったりせず，どうしたらよいのか一緒に考え，よりよい解決法を教えてあげてください」とは，発達障害にかかわる専門家の方々がよくいわれる言葉です。わかっていても，教室の中ではいつも同じことのくり返し。「いいかげんにしなさい！」と，やはりしかってしまう先生も多いのではないでしょうか。

でも，児童にとっても，「またしかられた」「どうせ自分はだめなんだ」のくり返し。児童も先生も，お互いに悪循環です。

担任は学級全員の先生なので，基本は，悪いことやルール違反を見逃すことはできません。悪いときには「悪いことですよ」という価値判断をすることが，他の児童のためにも行うべき大切なことなのです。

では，どうしたらよいのか。ベテランの担任先生の，秘伝の技を紹介します。

●「思い込み」を捨てよう

ポジティブな見方とは，悪いことを見過ごしたり，しかるのをがまんしたりすることではありません。自分の視野の中で，まず，よい場面が見えるとか笑顔の児童が見えるように，初めは少し努力してみましょう。今までの先入観を捨てて，冷静に客観的に事実を見ることです。どんなに荒れた学級でもどんなに心の通じない児童でも，必ずよいところがあります。それを見つけられるように，じっくりと児童たちを観察しましょう。

●「悪循環」を「良循環」にかえる

児童を冷静に客観的に見ることができるようになると，自然によいことのほうが先に見えるようになります。そうしたらしめたものです。そのことを言葉にして，ほめましょう。どんな小さなことでもいいのです。

「やる気になったね。先生にはわかるよ」
「ここができたじゃない。すばらしい」
「真剣に取り組んでいたね。先生，うれしかった!」
などなど。はじめは歯が浮くようなお世辞に思えるかもしれませんが，大きな声でいってみましょう。いうことで「良循環」が始まります。

● 「支持的風土」を醸成する

「良循環」ができたら，その効果を見える形で表わしてみましょう。よいことがあったらシールや数字で具体化して数えてみます。児童自身，よいことが増えてきたことが実感できます。また，周囲の児童たちもそれを認めて，学級内の「支持的風土」を醸成します。

● 規律や秩序を回復する

しかし，ときにはカミナリを落とすのも先生の役目。絶対にだめ，絶対に許せない，ということがあったら，躊躇せずしかりましょう。そうすることで，学級全体が秩序を取り戻し，悪質ないじめや「学級崩壊」から児童たちを守ることにつながります。

ここがポイント　問題行動に対して

- **確かな情報を基に，「ほめる」「しかる」**
  児童や保護者が訴えてきたことの中には，一方的な見方や考え方での情報がある
  まずは事実確認をしてから，善悪の判断をする

- **「絶対に許されないこと」(例えば「いじめは許されない」)についてはブレない**
  障害のある児童もない児童も，先生の毅然とした態度を求めている

- **先生自身も「自分をほめてあげる」**
  先生自身も，自分のよかった対応を探して，わが身をほめてあげる
  先生が自信をなくすと，児童たちの拠り所がなくなってしまう
  学校によっては，組織的対応の中で「厳しい先生」という役割が求められている場合もある
  要は一人で抱え込んだり，悩んだりしないこと

ベテラン先生からの アドバイス

どんなベテランの先生でも，今目の前にいる児童と向き合うのは「初めて」です。前にうまくいったやり方，今まで築き上げてきた学級経営の方法なども，ときにはまったく通用しない児童たちに出会うことがあります。校内からも信頼され，実力を買われてまかされた学級でも，ときにはうまくいかないこともあるのです。そんなときこそ，「チーム」です。学年の中だけでなく，校内委員会に働きかけて，課題となっている児童たちの対応について検討していきましょう。

(太田 裕子)

Q&A 編

Q3 障害のある児童と一緒のグループや班になることを他の児童が嫌がっています。どう指導すればよいでしょうか。

障害のある児童が仲間外れになってしまう。

Bさんが勝手なことばかりしている

Bさんと一緒のグループはいやだ！

どのように指導すればいいのかしら？

A 「当事者への指導」と「日常的な指導の工夫」が必要です。

　当事者の児童（「嫌だ！」と訴えてきた児童をAさん，障害のある児童をBさんとします）への指導と，日常的な指導の工夫に分けて考えてみましょう。

　まず，「当事者への指導」は，Aさん，Bさんのどちらにも指導をすることが大切です。どちらかだけに指導をするのは，お互いの児童に不公平だという印象を与えてしまいます。

●Aさんへの指導のポイント
○ なぜ，そのように思ったのかをじっくりと聞く。

　Aさんには，Aさんなりの理由があるはずです。先生が児童の話をしっかりと聞いて，受け止めていくことが何よりも大切です。

○「仲よくしなければだめでしょう！」と先生のいうことを強引に聞かせるのは避ける。

　もしかしたら，その場ではあきらめて先生のいうことに従うかもしれません。しかし，Aさんの不満は残ったままになります。

○ Bさんの立場になって考えてみることを提案する。

　「もし，あなたがBさんだったら，どんな気持ちがするかな？」と問いかけてみましょう。これは，他者の立場になって考えられるようにする先生の支援ともいえます。

　しかし，他者を受け入れる力がまだ十分に育っていない，あるいは他者の気持ちを想像することが困難な特性がある児童もいます。もしAさんがそのような発達段階だったり，特性があったりすると，すぐにはBさんの立場になって考えることは難しいでしょう。その場合は，日常的な取り組みによって，少しずつ社会性を育てていく必要があります。

●Bさんへの指導のポイント
○ Bさんの行動面に焦点をあてて指導する。

　おそらく，Bさんにも行動を改善したほうがよいところがあると思われます。望ましくない行動を改善するために指導することは大切です。しかし，望ましくない行動を改善することに焦点をあてる

のであって，Bさん自身の人間性を否定するのではないことに気をつけましょう。

対話的な指導をする中で，他者を受け入れる力が育ったり，望ましい行動が増えるようになってきたりしたら理想的です。対話的に解決をはかることは，多様な他者とかかわっていくことの大切さを，児童自身が主体的に学ぶことにつながります。

次に「日常的な指導の工夫」のポイントです。

〇 **さまざまな友だちとグループ学習をする機会を増やしていく。**

他者を受け入れる力が十分に育っていない児童には，あまり負荷のかからない場面からBさんとともに活動する機会をつくっていき，少しずつ障害のある友だちとのかかわりを増やしていけるようにします。

〇 **特別支援学級や通級指導教室の先生に，障害理解教育の授業をしてもらう。**

障害のある友だちとどのようにうまくつき合えばよいのかを考えたり，実際に障害体験をしたりすることで，障害のある人への理解をはかる学習も有効です。道徳科や学級活動の時間に計画的に設定していきましょう。

ここがポイント　障害のある児童への理解を育むために

- 両方の児童の話をよく聞いた上で対応する
- 他者の立場になって考えられるように支援する
- 児童の発達段階や特性に応じた対応をする
- 日常的にグループ学習の機会を確保し，多くの児童がかかわるようにする
- 特別支援学級や通級指導教室の先生にも協力をしてもらう

ベテラン先生からのアドバイス

児童に，多様な他者とともに生きていくという心情や態度を育てていくことが大切です。そのためには，まず先生自身がユニバーサルな感覚，すなわち公平性や公正性を意識したり，対話的な解決をはかったりすることが大事です。

障害のある児童に配慮するだけではなく，訴えがあった児童のいい分もよく聞いた上で，障害のある友だちに対する寛容さを育成していくようにします。

このような声が児童からあがったときこそ，学級経営をよりよくしていくチャンスととらえましょう。どのようにすれば児童どうしで支援し合えるようになるか，一人ひとりの児童の実態を把握して，どの児童も安心して学ぶことのできる環境づくりを先生がしていくことが重要です。

（東京学芸大学大学院准教授　増田 謙太郎）

Q&A 編

Q4 初めて障害のある小学1年生の児童を担任することになりました。どのような準備をしておけばよいでしょうか。

障害のある子が入学してくるので心配だ…。

初めて1年生の担任になった

1年生の準備はあれこれ大変

障害のある児童の受け入れ準備はどうしよう?

A 多くの情報を収集し，学級全体の視点を見失わず準備を進めましょう。

●その児童の情報をできるだけ集める

前年度の3月には，その児童が所属している就学前施設からの情報，保護者からの聞き取り，あるいは「就学の支援シート」といった情報が学校に入ってきます。まずは，そうした情報に目を通しておくことです。

●保護者から情報を聞き取る

保護者からの聞き取り情報がなければ，管理職にお願いして保護者との面談をセッティングしてもらいましょう。まだ担任発表はできませんが，何か理由(特別支援コーディネーターとか教育相談担当だとか)をつけて同席させてもらうのもいいでしょう。

保護者の側も，わが子を学校に送り出すにあたって，不安や心配がたくさんあるはずです。そうした不安や心配を少しでも取り除き，ともに児童の教育を進めていくための面談です。よく「学校はここまでしかできませんよ」的な面談を行ってしまうことがありますが，それはむしろ逆効果です。「お子さんが不安や心配なく学校に来られるように一緒にご相談したいのですが」という姿勢で面談を行いましょう。

まずは保護者の不安や心配がどういうところにあるのか，ていねいに聞いていきましょう。場合によっては「入学式がちゃんとできるかどうか心配で・・・」という話が出てくることもあります。事前に入学式会場を見学して様子を知らせるなど，リハーサル的なことをやっておくだけでもうまくいくことがあります。

児童の実態にもよるのであくまでもケースバイケースですが，あまり最初から学校のルール，決まりといったことを盾に話すのではなく，「その児童に合わせて柔軟に対応していきますよ」という視点をもって話すことが大切です。

保護者にとっては，「あれもダメこれもダメ」といわれるよりも，「状況に応じて柔軟に考えてい

ましょうね」といわれるだけで不安や心配が軽減されます。

●就学前施設からも情報収集する

保護者の了解を得て，就学前施設へ直接出向いて引き継ぎをすることもあります。そうした機会を積極的に利用しましょう。ただ話を聞いてくるのではなく，「他の友だちとの人間関係はどうでしたか？」「友だちとトラブルになるようなことはありませんでしたか？」「大人の支援はどんなときにどのように行っていましたか？」など対応に必要となることを聞いておくことです。

障害の程度や状況も確認しておきましょう。発達検査などもあれば，保護者の了解を得て資料としてもらえるようにします。

●その児童だけではなく，他の児童にも思いを向ける

障害のある児童の個別的な情報をより多く収集しておくことで，落ち着いて対応できる幅は広がります。と同時に，その児童だけではなく，他の児童にも同じように目を向けておくことが必要です。「どの児童がリーダー的に動けそうか？」「トラブルの未然防止のために配慮すべき児童はいないか？」「生活面で心配な児童はいないか？」など，学級全体を見通した準備が必要です。

ここがポイント　障害のある児童を初めて担任するとき

● その児童の情報をできるだけ集める
　①就学前施設からの情報　②保護者からの聞き取り　③「就学の支援シート」など

● 保護者の不安や心配を聞き取る
　不安や心配なく学校に来られるように一緒に相談したい，という姿勢で面談する

● 就学前施設からの情報―障害の程度や状況―も把握する

● 学級全体を見通した準備をする

ベテラン先生からのアドバイス

障害のある児童を受けもつとき，担任としてはどうしても心配になるでしょう。しかし，わが子を学校に就学させる保護者も担任以上に心配を抱えています。まずは保護者の心配を受け止め，支えることに全力を尽くしてください。

担任して最初の一週間が勝負です。この間は，保護者としっかりコミュニケーションをとることです。児童の学校の様子を毎日伝えて，心配や不安なことがないかどうか聞くことです。学期の始めは忙しく，なかなかできないことかもしれません。しかし，電話一本でその後の保護者の信頼が得られるはずです。最初のがんばりが肝心です。自分の不安や心配はさておき，まずは保護者との信頼関係を結ぶこと，ここが非常に大切になってきます。

（東京都杉並区立杉並第四小学校校長　髙橋　浩平）

Q&A 編

5 「知的障害」ということを，他の児童にどのように説明をすればよいでしょうか。

学級内で「知的障害」の説明をしたほうがいいかな？ 保護者は同意してくれるかな？

学級内で知的障害の説明をしたほうがいいのですが…

他の児童の保護者は理解してくれるかな？

当該児童を含めてあたたかい学級をつくりたいな…

 説明の際には，当該児童と保護者の意向に添うことが最も大切です。

　現在，通常学級には，医師から診断があって知的障害特別支援学級あるいは知的障害特別支援学校への就学が望ましいと判断された児童から，知的障害の診断はなく比較的障害の程度が軽度の児童まで，さまざまな知的障害がある児童が在籍しています。

　そのため，知的障害がある児童への支援に合わせて，同じ学級内の児童に，知的障害の特徴やかかわり方などを説明する必要性に迫られるケースが多くなっています。

　そこで，他の児童への説明に向けた手順について説明をします。

　①障害受容ができている保護者と当該児童本人から説明することの同意を得る。

　②説明する内容と方法については，当該児童と保護者の意向を最大限に尊重する。

　③他の保護者や学校内の先生方との情報共有をはかる。

　①に関しては，当該児童の知的障害の診断の有無にかかわらず，保護者が当該児童の障害受容ができているかどうかの確認が最も重要です。なぜなら，当該児童の障害に対して認識がなく困っていない保護者，あるいは実際に困っていて知的障害かもしれないと認識しているけれども認めたくないと思っている保護者に対しては，担任から障害について言及されても同意が得られないからです。さらには人権侵害であると訴えられたり，そのように見ている担任への不信感を募らせたりする結果になります。

　知的障害の受容ができている保護者であるかどうかを，個人面談や前年度までの担任や引き継ぎ資料などをふまえて判断し，その上で担任として他の児童に知的障害を説明する必要性を説いていくことです。当該児童についても，障害の自覚の有無，障害による学校生活での「困り感」の有無，他の児童に周知にすることを求めているかど

うかなどを，聞き取りをした上で同意を得るようにしましょう。

　②については，当該児童や保護者の思いや願いなどの意向を最大限に尊重して，当該児童の苦手なことや特徴を中心に，まわりの児童に知っておいてほしいこと，配慮や手伝ってほしいことなど，伝える内容を精査・確認することが大切です。可能であれば，当該児童の保護者に直接，学級で話をしてもらうことも有効な方法です。家庭における実際の具体例を示しながら伝えることで，他の児童の理解もより一層深まります。説明に当たっては，当該児童や保護がどのような言葉やいい方で伝えるのか事前に綿密に打合せをして臨むようにしましょう。

　説明後は，「特別の教科・道徳」の時間などを活用して，多様性を大切にする人権教育を進めるなど，偏見や差別意識をもたず，親切や思いやりの心を育む指導を継続していきましょう。

　③については，他の児童に加えて，保護者への知的障害の理解・啓発をはかるために保護者会を活用して，担任あるいは当該児童の保護者から説明する機会を設けることが重要です。当該児童の知的障害に対して他の保護者に正しく理解してもらえれば，他の児童の当該児童への理解度も高まります。

　また，保護者会で説明した経緯については，学年の先生方だけでなく校内委員会，職員会議などで情報共有をはかるとともに，校内のすべての教職員が当該児童や学級内の児童にどのように接していけばよいか改めて確認する必要もあります。

ここがポイント　「知的障害」を他の児童へ説明するとき

- 保護者の障害理解と受け止め方を見極める
- 学級内でどの児童も安心して過ごせるようにするために，説明が必要であることを当該児童や保護者に訴える
- 当該児童への偏見や差別を助長するような言動，表現，表情にならないようにくれぐれも注意する

ベテラン先生からの　アドバイス

　個々の障害の特徴や困難さなどを児童に伝えるには，担任として知的障害の特性に関して正しい知識と支援のしかたを身につけておくことが必携条件です。そのためにも，特別支援学級や特別支援学校の授業を積極的に参観し，指導内容や方法を研修する機会をもつことが大切です。

　知的障害の特性である抽象的な概念の理解が難しいこと，実生活への活用がすぐにはできないこと，スモールステップの指導や具体的な操作を伴う活動が有効なことなどを知ることで，知的障害にいち早く気づき，具体的な手立てを打つことができます。さらには，保護者面談に自信をもって臨むことができます。

（東京都江東区立豊洲北小学校校長　喜多 好一）

Q&A編

Q6 「発達障害」ということを，他の児童にどのように説明をすればよいでしょうか。

障害の説明をする？　どの程度説明する？　いろいろなタイプがあるから難しいな…。

〇〇さん，どうしたの？　今，何をする時間ですか？

〇〇さん，どこへ行くの？　授業中だよ

発達障害について説明したほうがいいかな…

説明の有無を判断し，説明の際には当該児童と保護者の意向を尊重することが大切です。

　文部科学省の調査結果によると，通常学級には発達障害あるいは疑いのある児童が15人に1人の割合で在籍しています。医師から発達障害の診断を受けていないグレーゾーンなどの児童を加えると，実際にはもっと多い印象があります。発達障害は表だって障害が見えにくいため，当該児童や他の児童に理解を求めるのは，他の障害種と比較して困難です。また，当該児童の保護者の中には，家庭での「困り感」があるけれども発達障害があることを疑っていない保護者も多くいます。

　通常学級における発達障害のある児童を取り巻くこのような環境の中で，発達障害であることを他の児童に説明をするには，越えなければならないハードルがいくつもあります。

　ここでは対象とする児童と保護者を，通級指導教室に通っている，発達障害と医師から診断があり「困り感」がある，保護者に障害受容ができてい

る，さらにわが子の障害について学級で理解してもらう機会をつくってもらいたいと思っている保護者に限定します。

　他の児童への説明については，次のような手順で行います。

　①他の児童に当該児童の障害について説明する必要性の有無を判断する。

　②説明する日時・内容・方法，当該児童が同席するかどうかなどについて，当該児童と保護者の意向を尊重する。

　③当該児童へのよりよいかかわり方の見本を担任が示す。

　①については，他の児童と当該児童とのトラブルが大きくなったり，当該児童への担任の接し方に公平性が欠けてしまい他の児童の不満がたまったりして，当該児童の障害について説明する緊急性が生じているかどうかを学級担任として判断することです。その上で，当該児童やその保護者か

ら学級内で説明してほしいという依頼について確認・検討をします。

②については、発達障害の障害名を出して全般的な説明をするか、当該児童の人とのかかわりにくさや学び方の違いなど限定的な問題にとどめるか、あるいは簡潔にバランスよく説明するかを選択することになります。その際は、担任がよかれと思って話す内容が当該児童やその保護者の心を傷つけてしまうことも多々ありますから、とにかく両者の意向(思いや願いなど)を最優先に尊重することが重要です。

説明する内容については、当該児童の障害に起因した行動の傾向や問題行動が起こった場合のまわりの児童の接し方、学び方の違いに伴う担任からの特別な支援の説明などを、どの程度伝えるかを一つひとつ両者で確認することが必要です。その上で、いつするのか、当該児童も同席するのか、説明は担任がするのか保護者がするのか、あるいは当該児童本人も話すのかも確認します。担任が説明するときは、伝え方にも十分な慎重さが求められます。

③については、当該児童と友だちがいい争いになった際は、担任が周囲の児童の気持ちをしっかりと聞き、当該児童の友だちとかかわりたい気持ちを伝えながら、よりよいかかわり方を具体的に示していくとよいでしょう。

ここがポイント 「発達障害」について他の児童へ説明するとき

- 発達障害のある児童自身が困っていることを他の児童に伝える
- 傾聴、共感、受容の姿勢で当該児童や保護者の意向を受け止める
- 当該児童のよさを認め合える学級の雰囲気づくりを心がける
- 発達障害の診断のない児童、グレーゾーンの児童の理解も視野に入れて説明をする

ベテラン先生からのアドバイス

特別支援教育が実施されて10年以上が過ぎ、通常学級の担任には、発達障害の種類やそれぞれの特性についての知識がかなり定着してきました。しかし、残念ながら個々の障害の状態に応じた効果的な支援や具体的な指導ができる先生はまだ数多くありません。

そこで、担任が自信をもって保護者との面談や他の児童への説明に臨むためにも、研鑽に励むと同時に、校内の特別支援教育コーディネーターや特別支援学級、特別支援学校あるいは通級指導教室の先生の力を借りるとよいでしょう。特別支援教育の専門性の高い先生に、当該児童への指導のあり方について積極的に助言を求める姿勢が大切です。

(喜多 好一)

Q&A 編

Q7 障害のある児童への個別対応により，学級のルールが崩れて「学級崩壊」がおこることが心配です。

Aくんが原因で，「学級崩壊」しそうで心配だ…。

いつも自分勝手なことをしているAくん

教室も，全体に落ち着きがなくなってきた

このままでは学級崩壊になってしまう…

A 障害のある児童への適切な個別対応は何かを考えて，実行していきましょう。

●「学級崩壊」はどの先生にもおこりうる

　学級崩壊は，必ずしも障害のある児童がいるからおこるわけではありません。ベテランの先生が担任しても学級崩壊になることはあります。学級崩壊は，そこにいたるまでの流れがいくつかあり，担任の配慮で防ぐことができる場合もありますが，外部からの応援を入れないと難しい場合もあります。まずは学級崩壊は常におこりうることである，と考えておくことが重要でしょう。

●発達障害の児童が引き金になる場合

　とはいえ，学級崩壊はさせたくない，というのが担任のいつわらざる本音でしょう。そして，残念ながら発達障害の児童などが引き金となって学級崩壊にいたるというケースは多くあります。そうしたことを未然に防ぐには，どうしたらよいかをここで考えていきましょう。

●学級崩壊のケースを考える

・毎回教室の外へ飛び出してしまう児童がいて，担任がその児童を追いかけている間に教室が騒乱状態になってしまう。

・担任の話にいちいち発言し，その児童の相手をしている間に他の児童たちが勝手なことを始めてしまう。

・ある児童が勝手なことをしているのを担任が容認しているのを見て，他の児童たちも勝手なことをし始める。

　このほかにもたくさんのケースがありますが，一定のルールが守れなくなってくると黄信号であるとよくいわれます。例えば①掃除をしない，②給食の白衣を着ないで当番をしている，③あいさつをしないで勝手に帰るなどです。

　また，そういう学級に入って注意をすると，「なぜ僕だけ注意されるのですか。他の人もやっているじゃないですか」などと自分のやったことを棚に上げて，自分の正当性を主張し始めたりします。大人のいうことに，いちいち反論したりしてくると

赤信号です。

● 学級経営の立て直し

　まずはルールの確認とその遵守を進めます。担任のいうことを聞かなくなっている場合は，他の先生にメインで入ってもらうことも考えなくてはいけません。

　その上で，発達障害の児童などがその原因となっている場合は，学校として組織的に対応してもらうようにします。具体的には校内委員会で検討してもらい，必要ならば人をつけてもらうなどの配慮をしてもらうことです。

● 障害のある児童の個別対応

　「障害のある児童の個別対応」という視点で考えたときに，「それを担任がやるべきなのか」という検討がまず必要です。先に紹介したケースのように，担任が障害のある児童につきっきりになったことで学級が混乱してしまうならば，個別対応は思い切って他の先生にまかせることが必要です。

　そうした対応を組織的に考えるのが校内委員会であり，管理職の責務でもあります。学級崩壊を未然に防止するためには，最初から該当児童へ適切に個別対応することが大切です。

ここがポイント　「学級崩壊」がおこる前に

● 学級崩壊はどの先生にもおこりうる
● 発達障害の児童などが引き金となるケースは多い
● 学級経営を立て直し，ルールの確認とその遵守をはかる
● 「担任がやるべきなのか」の検討がまず必要。適切な個別対応がリスクを減らす

ベテラン先生からのアドバイス

　実際に発達障害の児童などによる「学級崩壊」の状況を見ていくと，担任が「みんなと同じことをしなくてはいけない」という「公平の原則」にしばられていることが多いように思います。児童の実態によってルールを柔軟に運用していくこと，他の児童たちにそのことをきちんと伝えることが大事になってきます。

　「なぜ○○くんはよくて僕らはダメなの?」という児童の反論に，しっかりと説明を返せるかが鍵です。

　また，担任が一人で抱え込まないで，管理職や同僚に積極的に相談することです。「今まできちんと座っていたのに立ち歩くようになった」「きちんと整列できなくなった」「口答えが多くなってきた」などの状況が見られたら，他の先生に見に来てもらい，一緒に解決策を考えてもらうなど初期段階で対応することが肝心です。

(高橋 浩平)

Q&A編

Q8 障害のある児童を受け入れるあたたかな学級の雰囲気は，どのようにつくっていったらよいでしょうか。

> 障害特性が理解されないことで，情緒的に不安定になりそう。

学級の他の児童たちとトラブルになりそう…

仲間外れにされそう…

居心地のよい学級にするための学級経営とは?

A 居心地のよい教室で，その児童の特性をみんなが理解し対応できる学級にしましょう。

まず前提として，「その児童だけを特別扱いしない」ということです。学級の中にはいろいろな児童が混在しています。みんなそれぞれ何かしらの課題があり，それらをお互いが理解し合い，認め合うことができる学級が望まれます。それを実現するための実践例として，以下の三つのことを行ってみてください。

●教室環境の構造化

教室全体が落ち着くように，視覚的・聴覚的な刺激が少ない環境にするために，教室は整理整頓し，床には全員の机の位置が確認できる印を茶色の油性マジックなどでつけておき，その他の物を置く位置も決めておきます。きしみ音がする椅子にはオイルを注ぐなどして雑音を消し，教室前面の壁の掲示物は最小限にして，棚などには目隠しをするなど不必要な刺激を排除します。学校によっては，教室の黒板右側の掲示スペースにカーテンをつけているところもあります。

また，覚えてほしい学習内容のまとめは，授業の中で必要に応じて取り出して示せるように，ウレタンボードなどに貼りつけてしまっておいたほうが，どの児童にとっても有効です。該当の児童の席順には配慮が必要で，特に隣に座る児童は刺激が少なく学習支援が可能な落ち着いた異性が望ましいです（事前に本人に確認してください）。

●ルールの徹底

教室内を居心地のよい環境にするための学級のルールをみんなで考えて決めます。「自分たちで決めたルール」という形にすることによって，守っていこうという意識が高くなります。ルールはシンプルで全員が守ることが可能なものにし，適切なタイミングでルールの確認を行い，また，該当の児童の特性に合わせて一貫した支援をし，助け合ったり協力したりする場面を意図的に設定しましょう。また，決めたルールを含めて学級通信で配信し，保護者会などで理解を得られるよう

に工夫します。

具体的な学級ルールとして、「発言するときは黙って挙手し」、指されたら「返事をして答える」などの授業中の発言ルールや、「教室内での声の大きさ」「チャイム着席」などは個人的に気づかせてルールに入れましょう。

● 指導の構造化

まず、児童の集中力の持続時間を考えて、タイマーなどを使い15分×3セットで課題を行うといった時間の構造化をします。そして、授業開始時に授業内容などについて視覚的な提示をして見通しを持たせ、いつも何をやっているかがわかるようにし、時間割の変更などがある場合にはできるだけ早く伝えます。説明は、「すぐに」「ちゃんと」といったあいまいな言葉や抽象表現をできるだけ避け、具体的に伝えましょう。

また、わかる児童だけの授業ではなく、学級全員が参加し発言できる授業を心がけ、そのためにも、学習内容をスモールステップ化し、一斉への発問のしかたやその内容、参加のさせ方をパターン化します。課題がすぐ終わり手持ちぶさたにならないように、各自に合わせた特別なプリントなど、次にすべきことを常に用意しておきます。

集中力を持続させるために、先生は話し方、声量、立ち位置などに変化をつけ、テンポよく授業を進めましょう。また、大切なことはメモさせるだけでなく、必要事項を書いたメモを渡すなど、児童個人に合わせて用意します。児童が「できない」「わからない」と意見が自由にいえる、あたたかい雰囲気の学級づくりが望まれます。

ここがポイント　居心地のよい学級にするために

- 全員が授業に参加できるように発問の工夫をする
- 言葉かけは、なるべく笑顔で「アイ・メッセージ」を使う
- 気になる行動は、リフレーミングし（視点を変え）てポジティブにとらえる
- やらないことを無理強いせず、高圧的な対応や叱責は避ける
- できない児童を注意するかわりに、できている児童の名前を呼んでそのことを伝える

ベテラン先生からの アドバイス

児童たちをほめることは大切です。しかし、ほめられることだけで何かを行っている児童はほめられなくなると、状況によってはしなくなるということがおこります。ほめられることは外発的動機づけということです。また、みんなの前でほめられることが苦手な児童もいます。

そこで、児童たちへの言葉かけの基本は、「アイ・メッセージ」をお勧めします。「アイ・メッセージ」とは、発話者を主語（「アイ」は、英語の「I」で、「私」を意味します）にした文章（伝え方）で、この方法は児童の内発的動機づけを生み、ほめられなくても自らするようになります。また、この方法は、命令・指示・強制・注意・叱責のどれにも当たらないため、メッセージ内容の伝わり方は弱いのですが、話者の希望や感想を述べているだけなので、関係性を崩すことはありません。

（東京都巡回相談心理士・臨床発達心理士　石坂 光敏）

Q&A編

 Q9 障害のある児童に係活動や当番活動をさせる際の留意点は，どんなことでしょうか。

他の児童たちと問題なく，一緒に活動ができるかな。

うまくできないことで，班の中でトラブルになりそう

伝えてもやらないことで，仲間外れにされそう

問題なくできる当番活動は，どのようなものかな？

 A 対象児童の感覚の課題や過去のトラウマを知り，活動内容を考慮しましょう。

特に掃除当番と給食当番に関しては，感覚過敏などの課題やこだわり，トラウマといったものが複雑にからみ合い，その活動に影響を与えているため，障害のある児童だけでなく，必要に応じて他の児童にも配慮してほしいと思います。「なぜみんながやっている普通のことができないのか理解できない」といった現場の声をよく耳にします。また，無理やりにやらせた結果，不登校になってしまった事例もあります。いくつか事例を紹介します。

●日直に先生の権限までは譲渡しない

号令をかけるために前に出て来た日直が，「いい姿勢をしてください」といっても従ってくれない場合，「○○さん，手を膝に置いてください」とか，「□□さん，ちゃんと椅子に座ってください」というように，座っている児童に向かって注意をする場面をよく見かけます。実は，ふだんからよく思っていない友だちからみんなの前で自分が注意さ

れたことに腹を立てて，次の休み時間に暴力で仕返しをするといったことが，特に情緒に課題のある児童に見られます。それゆえ，日直には，「注意は先生がするから，日直さんは号令だけお願いね」などと伝えます。

●給食当番が難しい理由は？

前学年時「めんどうくさい」といって給食当番をやらなかった児童に，新学年担任が「わがままは許さない」といって無理やりやらせた結果，ちょっとしたことで激しく切れるようになってしまい，できていた活動もうまくできなくなってしまいました。また，これまでなかった他害が毎日のように見られるようになり，保護者も困惑してしまいました。実はこの児童は，同じことをくり返し行うといらいらしてきて暴れたくなってしまうような特徴があり，特に慎重を要するスープなどの配膳はかなり厳しかったため，まずは「毎回，自分の好きな順に牛乳を配る」という形で牛乳配りをすることから

参加してもらいました。

　また，白衣を着た姿を友だちに見られるのが耐えられず当番ができないという女児がいましたが，白衣に代わるものを用意してもらい参加をうながしました。それ以外にも，不器用なことが原因で，配膳中によくこぼしてしまい，それを友だちにいつも指摘されたことで，自己肯定感が下がり，しなくなってしまった例もあります。しない理由が必ずあるので，それをていねいに見取ってあげることが大切です。

●掃除当番が難しい理由は？

　掃除当番の時間にはいつも別なことをやっていて，言葉かけをしても自分が担当の掃除をやろうとしない児童がいます。低学年児童の場合は，「やり方がわからないのでできない」ということが意外と多いので，例えば，廊下の床ふきが当番であれば，自分がふく床の範囲がわかるように好きな色の印をつけたり，色をつけた目印を始点と終点に置いたりして，どのようにふくかのモデルを示してマネをしてもらうとよいでしょう。

　また，こだわりや感覚の課題でできない児童には，特別に設定したいくつかの掃除箇所を提示し，選択してもらってもいいでしょう。脚の底に空洞があるタイプの椅子を使用していた学級で，その脚のゴミをかき出す作業を伝えると，それまで一切掃除当番をしなかった児童が，毎日掃除の時間にはその作業を進んでやってくれるようになった事例もあります。

ここがポイント　児童に係活動や当番活動をさせるための注意点

- 開始時の日直の仕事は，「号令」だけとし，他の児童への「注意」は指導者がする
- 喘息などの病気や感覚過敏がある児童には配慮し，活動内容をかえる
- 必要に応じて，その児童専用の係活動を設定する。みんなと同じことをさせない
- 当番，係活動についての手順・やり方をマニュアル化して提示し，モデルを示す
- 同じ活動班には，対象児童の活動意欲を上手に引き出せる仲のよい児童を選ぶ

ベテラン先生からのアドバイス

　とりわけ掃除当番は難しく，特に低学年児童にとっては未経験なことも少なくないため，きめ細かな指導が求められます。例えば，それぞれの掃除道具の正しい使い方や雑巾の洗い方，絞り方，ふき方などに関して，絵や動画，スライドなどを使ってていねいに事前学習をします。一般的に学校では，やりたくなくても「みんながやっていることをしない」という選択肢はありません。それゆえ，いい加減になってもするわけです。ですから，「しない」という選択肢がある児童の多くは，何らかの難しい問題を抱えていると理解し，無理強いせずに，何が背景にあるのかを探りましょう。そのためにも，指導者自身が，障害のある児童のみならず児童全員の特性，成育歴，現在の生活環境などを把握し，個に寄り添いながら支援してほしいと思います。

（石坂　光敏）

Q&A編

 Q10 障害のある児童の休み時間の過ごし方の配慮は，どのようにすればよいでしょうか。

みんなと一緒に仲よく外で遊ぶことができるかが心配。

いじめの被害者や加害者になったりしないかしら

みんなと同じように活動できずに，仲間外れにされそう

いじめ，差別，偏見のない学級にするにはどうすればいい？

 A いじめ，差別，偏見のない学級を目指して，外で遊ぶことを無理強いしないようにしましょう。

　特別支援教育コーディネーターとしてこれまでかかわってきた事例を見ると，児童間のトラブルの多くは，休み時間に指導者の目が届かないところでおきています。つまり，指導者がいるといないとでは，見せる顔が違う児童がいるということです。なぜ，そのようなことがおこってくるのでしょうか。このような問題に関しても，児童の特性と取り巻くさまざまな環境との相互作用に起因していることが少なくありません。担任になったら，なるべく早いうちに児童一人ひとりの心をつかみ，みんなの心を一つにしていけるような学級経営が求められます。そのためにも，難しい児童の見取りをしっかりすることが大切です。次に休み時間に関する児童の訴えを紹介します。

●休み時間がこわい？
　児童たちに「休み時間って何の時間」と聞くと，「遊んでいい時間」とか「好きなことができる時間」といったアクティブな内容の答えが返ってくるのが一般的であり，大方の児童がそう思っているようです。しかしながら，発達にかたよりのある自己表出が苦手な児童の中には，「身体を休める時間」とか「頭を休める時間」といった非アクティブな内容の答えをいう児童が少なくありません。そこで，もう少し詳しく聞いてみると，彼らにとっての休み時間は，「せっかくの何もしなくていい時間なので，かかわりをもたずに独り放っておいてほしい時間」であるといいます。

　しかし現実的には，「天気がよいので，全員校庭に出て遊びなさい」とか，「みんなと一緒に遊びなさい」というように担任にいわれて教室から出されてしまうため，居場所を失うだけでなく，疲れた身体や頭を休めることができず，「苦痛な時間」と化してしまい，しだいに中休みと昼休みがこわくなってきたといいます。それだけではなく，身体も心も休ませることができなくなり，がんばるためのパワーが持続せず，結局，授業に参加する

ことが難しくなった事例もあります。

● 休み時間のルールは？

　中休みや昼休みには校庭に出て，グループになってみんなで同じことをやるというルールを決めた学級があります。活発な児童などが中心となってアイデアを出して決めたようで，活動内容も曜日ごとに決めていたようです。

　この活動が始まってしばらくすると，自己表出が難しい児童の保護者から学校に連絡が来ました。「最近，学校に行きたくないと朝訴えるようになったが，学校で何かあったのか」という問い合わせです。

　早速，児童と信頼関係ができている先生から登校渋りの理由を聞いてもらうと，休み時間に参加しなければならない活動の中に，苦手意識のある活動が含まれていて，特にそれがある曜日には学校を休みたくなるというものでした。

　この問題を解決していく過程で判明したのですが，他にも休み時間に参加義務がある活動に対して不満を抱いていた児童が少なくなかったのです。担任はみんなに仲よくなってもらいたくて決めたのですが，発達にかたよりのある児童だけでなく運動に苦手意識をもっている児童たちにとっても，苦痛の時間となってしまったようです。「みんなで決めたことなのでみんなが楽しめると思った」といっていましたが，実際は，反対の少数派にとっては自分の意見も出せずに決まってしまっていたようです。

ここがポイント　児童たちが気持ちよく休み時間を過ごすための注意点

● 児童を無理に外に出したり，みんなと一緒に活動させたりしない

● 児童の特性を知り，適切な対応方法を学級全体で共有する

● 可能な範囲で休み時間の児童観察を行い，気になることはすぐに解決する

● 対象の児童とそうでない児童という風に，指導者が児童たちを差別して見ない

● 特に注意をしたくなる児童に対しては，アイ・メッセージでプラスの評価だけをする

ベテラン先生からの　アドバイス

　特に大人しい自閉スペクトラム症の児童などは，「休み時間に一人でじっと座っていることでリフレッシュでき，次の授業でもがんばることができる」ようです。基本的に休み時間は自由時間なので，何かを強いられることの受容が難しいため，可能な範囲で心身や頭を休ませてあげてほしいと思います。その対象児の特定については，支援シートがあれば，そこから成育歴や障害特性を確認し，家庭環境の把握などを年度開始前にすることをお勧めします。障害特性をきちんと把握していなかったことが原因で結果的に不登校を招いてしまった事例もありますから，特に年度当初は個々の児童の授業以外の様子を観察し，必要に応じて寄り添い，気持ちの受容をし，信頼関係を築いてほしいと思います。

（石坂　光敏）

Q&A編

Q11 特別支援学校や特別支援学級の児童との交流および共同学習は，どのように進めていけばよいのでしょうか。

校内にある特別支援学級と給食や行事以外で交流してみたいけれど，何をやったらいいのか…。

校内に特別支援学級がある。かかわれる場面をつくりたい

授業で互いに認め合ったり，励まし合ったりできるといいな

どんな学習をすればいいのだろう？

A それぞれの児童にとってのねらいが明確であることが大切です。

　交流および共同学習は，地域の特別支援学校と行う学校間交流や校内の特別支援学級との交流活動などがありますが，実施に当たっては，一人ひとりの実態に応じた適切なねらいが設定されていることが望ましく，そのねらいを双方の担任が共通理解していることが大切です。

　小学校指導要領解説(総則編)の中では，交流および共同学習の意義について，以下のように述べられています。

・児童が障害のある幼児・児童・生徒とその教育に対する正しい理解と認識を深めるための絶好の機会

・同じ社会に生きる人間としてお互いを正しく理解し，ともに助け合い支え合って生きていくことの大切さを学ぶ場

　交流相手となる特別支援学校や特別支援学級の児童にもねらいがあります。特に障害のある児童は障害の状態や発達段階がそれぞれですから，一人ひとりのねらいが異なっていることもあります。これらのことをしっかりと理解した上で，以下のような配慮をしていきましょう。

・障害のある児童の中には，初めての環境や初めて取り組む活動に対して強い緊張感をもつ児童がいます。特別支援学校の児童との交流は，特別支援学校におもむいて相手校主体で行う実践のほうが，障害のある児童が生き生きと活動できるよさがあります。

・校内にある特別支援学級との交流および共同学習については，同じ学校の中にあることの利点を十分生かしていくことが大切です。当日の授業にいたるまでに，学校行事，給食，清掃，休み時間などを通してお互いを知る機会をつくり，どこでどんな学習を行うことがそれぞれの児童のもっている力を発揮でき，互いに認め合い励まし合える環境がつくれるのかを十分検討しておきましょう。

● 指導案例

○総合的な学習の時間　　　　　　　　○単元名：仲よし学級（特別支援学級）の友だちと仲よくなろう

本時の学習（1/4）

学習活動	指導の手立て	評価
導入 ・めあてをつかみ，授業の見通しをもつ。 　（今日のプログラムの発表） ・司会の紹介 ・ごきげんあくしゅのダンスを踊る。	・プログラムを大きな模造紙にわかりやすく書いておく。 ・司会は，通常学級と特別支援学級の双方から出す。	・今日の学習の見通しがもてたか。 ・ごきげんあくしゅのダンスを仲よく踊れたか。
展開 ・仲よし学級からの出し物紹介 　（混合チームで競い合おう：スクーターボードリレー） ・通常学級からのゲーム紹介 　（一緒に遊ぼう：すりぬけじゃんけん）	・チームは，通常学級の児童と仲よし学級の児童の混合にする。 ・双方からゲームの紹介をする。	・チームで協力して，競い合えたか。 ・ルールの説明を聞き，楽しく参加できたか。
まとめ ・感想を発表し合おう。 ・お別れのあいさつ	・最後に感想を発表し合うことを，事前に予告しておく。 ・休み時間などの交流へとつながっていくような配慮をする。	・楽しかったことやがんばったことを自分の言葉で発表できたか。

ここがポイント　交流および共同学習の基本

- 当日の学習内容だけでなく，事前学習・事後学習が大切（指導の目標などを明確にし，適切な評価を行うことが必要）
- 協働しながら学習できるような具体的で体験的な活動を盛り込む
- 考えられる支援の方法をできる限り数多く用意しておく（視覚的な支援，教材の工夫，うまくいかなかった場合の対応などを双方の担任で事前に話し合っておく）
- 1時間での変容を期待するのではなく，そこでの学びをどう発展させるかを考えておく

ベテラン先生からのアドバイス

　交流および共同学習は，教育課程の中にしっかりと位置づけ，年間指導計画の中にも組み込む必要があります。内容の共通理解がないまま当日を迎え，双方に一体どんな学びがあったのかがはっきりしないケースもよくあります。一方で，実際の場面では当初計画になかった企画が実現することもあります。

　次は，私の経験です。特別支援学級の高学年の児童が体育学習の中で「タグラグビー」に取り組んでいました。通常学級の3年生が同じ時期に「タグラグビー」に取り組んでいることがわかり，交流試合を申し込み，実現しました。この日は，特別支援学級の5・6年生が3年生にタグをつけたり，はげましたりする場面がたくさん見られました。どちらの学級の児童にとっても大きな収穫がありました。

　日ごろからお互いの教育活動に関心を抱き，児童だけでなく先生どうしも十分コミュニケーションをはかっておくことが大切です。

（東京都府中市立府中第二小学校　古野 仁士）

Q&A 編

Q12 障害のある児童がいるクラスでの学級だよりは，どのように工夫・配慮していけばよいでしょうか。

学級だよりを通して，障害のある児童について理解してもらいたいのだが…。

配慮が必要な児童への対応を見て「あの子だけ」の声が…

学級だよりにのせたいが，どんな書き方をすれば…

学級全体の保護者に，障害のある児童のことをわかってほしい

A まずは，保護者の立場になって学級だよりを読み返し，伝えたいことを整理することです。

　障害理解についての保護者への啓発は，学級だよりだけでするべきものではなく，保護者会や個人面談などいろいろな機会を利用して行うことが大切です。それをふまえた上で，学級だよりの内容が学級すべての児童の成長を願うものであることと同時に，すべての児童の生の声を反映させたものであるかどうかを常に意識しましょう。

　学年で出すおたよりは，学習や行事の予定やそれに向けての準備のお願いなど事務的な内容が占めることも多いですが，学級だよりは，学級でおこっている出来事をリアルタイムで知らせることができます。保護者は，おたよりを通して伝わる学級全体の雰囲気や担任の先生の考え方に触れ，児童の学級での生活を想像しますし，何よりも掲載されたわが子の生の声に一番の関心を抱くものです。

　学級の中に障害のある児童がいる場合は，以下のような工夫・配慮をしていきましょう。

・掲載される学級での活動が，一部の児童のものではなく児童全員の生き生きとした姿として伝わるように配慮する。

・掲載される児童の文章に，偏見や差別的内容がない。

・学級の中でおこっているさまざまな課題を紹介する記事には，今後の指導の方針が示されている。

・障害のある児童の保護者が読んだときにも，その児童自身の存在がきちんと学級の中に受け入れられているという安心感を抱かせるものである。

・何ができたかできないかという価値基準ではなく，多様な価値観を認めて互いに励まし合うことが学級経営の根幹にある，ということが感じられるものである。

・障害理解の啓発に関することを書く場合は，担任の思いや願いを前面に出すのではなく，保護

者一人ひとりが考えるきっかけになるような内容にする。また，掲載内容によっては，障害のある児童の保護者の許可を事前に得ることも考える。

・かりに，学級だよりの記載事項についての説明を保護者から求められたときにも，相手が納得するような考え方を示すことができるようにしておく。

　特に障害にかかわる内容については，使用する文言に十分に配慮する。

ここがポイント　学級だよりを発行するに際して

- 学級の中の児童たちの生き生きとした姿が伝わるようにする
- 障害のある児童を含め，一人ひとりの成長を願う担任の思いが伝わるようにする
- 考え方を押しつけるのではなく，ともに考えてほしいというメッセージを発信できるようにする
- 学級の児童や保護者以外の人の目に触れることもあることを考慮して，発行前に多くの人に目を通してもらいアドバイスをもらう

ベテラン先生からのアドバイス

　学級だよりは忙しい日常の中で発行するものなので，内容が十分吟味されていないことがあります。また，ついつい自分の思いが先行し，保護者がどう受け止めるのかという配慮をおろそかにしてしまいがちです。

　発行に際しては，必ず管理職に目を通してもらいます。特に障害の啓発にかかわる表現がある場合は，よくチェックしてもらいましょう。先生自身の純粋な願いや思いも，表現によっては保護者にうまく伝わらないことがあります。

　保護者がどう判断するか心配な内容については，口頭で伝えることを基本にしていくほうがよいでしょう。

　現在，東京都では特別支援教室が各学校に整備され，通級による指導を受けている児童が在籍する通常学級もたくさんあります。この特別支援教室がどんな場所で，どんな学びがあるのかということについては，学校だよりや学級だよりで触れておくことも必要です。

　学級の児童たちが特別支援教室へ安心して通い，そこで学んだことを学級の中で生かすことができるような支援の一つとして，学級だよりを活用して紹介することは意義があります。ただし，この点でも保護者の価値観は多様であるということは念頭に置きましょう。掲載内容によっては，保護者に相談することも必要です。

（古野　仁士）

Q&A 編

Q13 中学校や高等学校への進路指導を行う際に，どんな配慮をすればよいでしょうか。

だいぶ成長してきているが，中学校の通常学級に進学させて大丈夫か。

小学校6年間でだいぶ成長してきたけど…

このまま地域の中学校に進学していいかな…

「どこへ進学すればいいの？」と聞かれても答えられない…

地域の学校について調べ，本人・保護者とともに考えましょう。

　進学すべき中学校については，基本的には児童の住居の所在地によって行き先が指定されています。したがって，支援を必要とする児童でも進学すべき中学校はあらかじめ決まっていることになります。しかし，一方でインクルーシブ教育システムの中では，児童の特性や障害の状態に合った「多様な学びの場」が準備されなければなりません。支援を必要とする児童については，地域に存在する社会資源の中から適切な進学先や支援機関（「通級による指導」の活用などを含む）を選ぶ手続きが重要になります。

　この進学先の選定については，市区町村などに設置される「教育支援委員会」（自治体によってさまざまな名称があります）を通して行われますが，その際本人と保護者の意向が可能な限り最大限に尊重されることになっています。このときに大切なことは，進学先を決定するために必要な情報を本人と保護者へ提供することです。情報が与えられない状態で選んだとしても，それは本人と保護者の意向を尊重したことにはならず，選択の責任だけを押しつけることになるからです。

　学級担任は，本人や保護者に進学先のアドバイスをする立場なので，勤務する地域の特別支援教育にかかわる学びや支援の場について知っておく必要があります。

　障害のある児童生徒の学びの場としては，障害のある児童生徒だけが通うことができる「特別支援学校」，通常の小・中学校に併設される「特別支援学級」，通常学級に在籍しながら週最大8時間まで別枠で特別な指導を行う「通級による指導」があります。次頁の表にまとめましたが，特別支援学校は五つ，特別支援学級は七つ，通級による指導は九つの障害種について設置が可能ですが，実際に設置されているかどうかは地域によって状況が異なります。

　また，中学校を選択するにあたっては，その後

の高校への進学も視野に入れる必要があります。特に特別支援学校高等部に入学できる5種類以外の障害の場合には、一般の高校（定時制，通信制も含む）や高等専修学校などに進学することも考慮して、中学校や支援機関の選定を検討する必要があります。

特別支援学校	特別支援学級	通級による指導
①視覚障害 ②聴覚障害 ③知的障害 ④肢体不自由 ⑤病弱（身体虚弱を含む）	①弱視 ②難聴 ③知的障害 ④肢体不自由 ⑤身体虚弱（病弱を含む） ⑥言語障害 ⑦自閉症・情緒障害	①弱視 ②難聴 ③肢体不自由 ④身体虚弱（病弱を含む） ⑤言語障害 ⑥自閉症 ⑦情緒障害 ⑧学習障害（LD） ⑨注意欠陥多動性障害（ADHD）

ここがポイント　進路指導時に配慮すべきこと

- 地域の中学校進学を念頭に置きながらも、より適切な進学先の有無を調査する
- 本人・保護者に十分な情報を提供して、進学先を選択できるように支援する
- 地域の特別支援教育にかかわる進学先や支援機関をあらかじめ調べておく
- 特別支援学校，特別支援学級などの障害種別の設置状況も調べておく
- 中学卒業後に進む高等学校，特別支援学校高等部，高等専修学校などの情報も集める

ベテラン先生からのアドバイス

地域の中学校の情報を集めるためには、教育委員会に問い合わせたり、学校のホームページを見たりするほかに、学校公開日などを活用して実際に訪問する方法があります。公立校であれば特別支援教育コーディネーターが配置されているので、当該校の通常学級における支援の状況について聞きましょう。特別支援学級が設置されている場合は、授業の様子を見学しておきます。「特別支援学級」という看板があったとしても、その指導の中身はさまざまです。近年は特別支援学級の数が爆発的に増加していることから、専門性のある先生の養成や配置が追いつかない状況です。その学級の指導が生徒の特性に合わせて行われているかどうかを確認する必要があります。必要な場合は、学級担任が特別支援学級担任や特別支援教育コーディネーターと本人・保護者をつなげる役割を果たすことも考えられます。児童が小学校から中学校へなめらかに移行できるような支援を工夫してください。

（郡山女子大学短期大学部教授　小林　徹）

Q&A 編

 Q14 幼稚園や保育所，また，中学校との連携や引き継ぎはどのようにすればよいでしょうか。

発達障害のある児童の場合，連携や引き継ぎをどうしたらいいか困っている…。

書字に課題があるようだな…

新年度から落ち着いた学校生活を送ってもらいたい

中学校の先生に何をどう伝えたらいいのかな？

 A 次の就学先で支援が継続して行われるように，ポイントを押さえた連携や引き継ぎが大切です。

　発達障害のある幼児児童生徒への支援では，継続的・長期的で一貫した支援が大変重要であることはいうまでもありません。次の就学先においても一貫した支援が継続され，長期的に実施されることを考えて連携や引き継ぎを行うことが重要です。送り出す側は児童の何をどのように伝えるのか，受け入れる側は児童の何をどのように受け取ればよいのかをまずは整理して考えることが大切です。

　また，発達障害のある児童の保護者と担任は継続的に教育相談を重ねていることが多いでしょうから，次の就学先に進学する時期が近くなったときに担任から保護者に支援を引き継ぐことを伝え，保護者の了解を取っておくとよいでしょう。

　保護者の了解があることで，次の就学先において学校・家庭双方がすぐに連携することができる利点があります。そして何より，児童が次の就学先に入学したときから即座に支援が提供されます。引き継ぎにより一貫した切れ目のない支援を次の就学先でも提供できるため，児童の適応状態がよいものになると考えられます。そのためにも，次の就学先の先生方へ効果的な引き継ぎをすることが重要です。

　では，どのような点に留意して連携や引き継ぎをすればよいかを考えてみましょう。

●幼稚園・保育園などからの連携や引き継ぎ

　幼稚園・保育園などでは，文字の読み書きに取り組んでいないことから，集団適応の状況とそのときの支援を的確に引き継ぐことが最も大事です。自閉症の幼児の場合，不安が強まることでパニックをおこすことがあります。就学後まもなくの失敗経験は，小学校は楽しいという感覚を失わせ，不安なところという思いを強めさせてしまいます。学校は楽しい，うまくいっているという感覚をもてることがとても大事です。

　言葉だけでは不安を取り去ることができない場

合が多いので，幼稚園・保育所などと連携し，小学校の校舎内の事前見学をしてみることが有効です。下駄箱やロッカー，教室の位置を確認し，入学式の会場の下見や簡易的な入学式リハーサルを実施するのもよいでしょう。また，保護者および幼児本人の就学にあたっての不安や心配していることについて，就学前に小学校側の特別支援教育コーディネーターと教育相談を行い，話を聞いておくとよいでしょう。

● **中学校との連携や引き継ぎ**

　自閉症で不登校もしくは不登校傾向があり集団適応に問題があれば，小学校6年間の年間欠席日数を把握しておくことが重要です。どの月やどの学校行事などの前後に欠席が多くなったのかを具体的に伝えることで，中学校側で支援が可能になります。

　また，学習障害があり学力不振の場合には，何がどれだけできないのかという苦手な面だけでなく，どの教科ではどの程度の理解があるのか，何があればどのような指示なら理解できる場合があるのかなど，児童の認知面についての引き継ぎを行うことが重要です。その上，小学校で実施していた学習支援体制や配慮事項を確実に引き継ぐことが，中学校での不適応を防ぐことにつながります。

ここがポイント　連携や引き継ぎの基本

- 行動および認知特性とともに，合理的配慮を含めた個別具体的支援を書面で引き継ぐ
- 外部機関（療育機関，相談機関，医療機関など）との連携の経緯と経過について引き継ぐ
- 児童の障害に対する保護者の気づきや理解の程度の情報を共有する
- 引き継ぎ後も継続した連携が重要

ベテラン先生からのアドバイス

　発達障害のある児童の情報を引き継ぐ場合，有効なツールの一つに個別の教育支援計画および個別の指導計画があります。これらを基に，個別具体的な支援について引き継ぎを進めることが効果的です。

　引き継ぎをていねいにすることが，児童の不登校，学力不振，集団不適応などの二次的な問題を未然に防ぐことにつながります。

　また，入学後の連携も同様に大変重要になります。入学後に不適応状態が継続して見られた場合，まずは引き継ぎ資料などに記載されている情報を確認しましょう。そして，それでも有効な支援や対応のしかたが見い出せない場合には，幼稚園や保育所などに連絡し，幼児期の状況を確認するとよいでしょう。

　連携や引き継ぎをていねいにすることが，発達障害のある児童の就学後の学校生活の充実につながっていきます。

（宮城教育大学附属特別支援学校　川村 修弘）

Q&A 編

Q15 療育機関や医療機関との連携は，どのようにすればよいのでしょうか。

発達障害の児童がうまく適応できず困っている場面が多く見られる。

発達障害の児童は学級適応できていないな…

学級のみんなと生き生きと楽しい学校生活を送ってもらいたい

医療機関とかに相談したほうがいいのかな？

A 保護者の了解を得て，療育機関や医療機関と継続的・効果的な連携をはかることが大切です。

　療育機関や医療機関と連携をはかる前に，まずは，学校と療育機関や医療機関との連携の有効性を保護者に十分に説明しましょう。そのときに，主治医，担当心理士，ケースワーカーの名前を保護者から確認しておきましょう。そうすることで，その後の連携がスムーズにいくと考えられます。保護者の了解を得る理由は，療育機関や医療機関との連携において個人情報を扱うからです。保護者の了解を得た後には，特別支援教育コーディネーター中心に連携の準備を進めていきます。学校が療育機関や医療機関と情報を共有し，継続的・効果的な連携をはかることが重要です。

　では，療育機関や医療機関との連携のしかたは，どうしたらいいでしょうか。それには，主に以下の三つの方法が考えられます。

●文書による連携

　連携のしかたで最も多いのが文書による連携です。児童が療育機関での相談や医療機関を受診するときに，学校での児童の様子を書いた文書を保護者にもって行ってもらいます。また，児童の相談日や受診日に合わせて，事前に文書を郵送することも考えられます。文書による連携の場合には，作成した文書を事前に保護者に見せて説明するとよりていねいでしょう。相談後あるいは受診後に，療育機関や医療機関からどのような助言があったのかを保護者に確認し，情報を共有することが大切です。

●電話による連携

　心理士およびケースワーカーと電話による連携が考えられます。電話での連携の場合，何について情報共有するのか，何を聞きたいのか，何をお願いしたいのかを電話をする前に整理しておくことが必要です。電話による連携は保護者を経由しないことから，学校からどのようなことを伝えたのかを後日，あらためて保護者に伝えるとよいでしょう。

● **事例検討会および授業参観の開催**

　療育機関の心理士および医療機関のケースワーカーと日程調整をした上で，事例検討会あるいは授業参観を開催する連携のしかたがあります。関係する支援者が一同に集うことから，情報共有する上で最も有効な方法の一つといえます。

　医療機関での事例検討会では，主治医，ケースワーカー，心理士，担任，特別支援教育コーディネーター，学年主任，管理職などが参加し，主治医から児童の認知特性や行動特性について説明を受け，情報を共有することができます。児童が何に困っているのか。その困っていることを支援者はどのようにとらえるのか。そして，今後，どのような支援をするのかについて認識を共有できます。また，療育機関の心理士などが学校を訪問して授業参観をした後に，支援者と事例検討会を開催する場合も考えられます。

　限られた時間の中での事例検討会ですから，資料など事前の準備を十分にして臨みましょう。

　さらに，事例検討会をもった場合に，可能であれば次回の事例検討会の日時を決めて終了するとよいでしょう。

　事例検討会終了後には，その日もしくは翌日に保護者に連絡し，どのようなことが話し合われたのか，どのような提案があったのか，今後どのような支援を学校でしていくのかを伝えましょう。

ここがポイント　療育機関や医療機関との連携をはかる場合

- 学校の校内委員会などにおいて，療育機関や医療機関とどのような点において連携をはかるのかを確認する
- 療育機関や医療機関との連携の有効性を保護者に説明し，了解を得る
- さまざまな連携のしかたの中から，学校側の主訴に最も適した連携方法を選択する
- 校内の特別支援教育コーディネーターが中心になり，心理士およびケースワーカーと連携し，事例検討会や授業参観などの日程を調整する
- 学校と療育機関および医療機関との指導・療育方針の情報共有が重要

ベテラン先生からのアドバイス

　発達障害の児童が学級にいる場合には，療育機関や医療機関との連携が重要です。たとえ学級適応がよい場合でも，児童の相談日や受診日に合わせて学校での児童の様子を文書などで知らせて，連携をはかりましょう。もし離席，友だちとのトラブル，学力不振，学習意欲の低下，別室登校・登校渋りなど学校・学級適応がうまくいっていない場合には，なるべく早い段階で具体的な状況を伝えて連携をはかりましょう。

　服薬をしているASDやADHDの児童の場合には，薬の副作用の視点から，欠席・遅刻日数，集団適応状況，離席状況，給食を食べる量，授業中の眠気など学校での状況を医療機関に伝えましょう。継続的・効果的な連携は，児童の二次的な問題を未然に防ぎ，学校生活の充実につながります。

（川村　修弘）

Q&A 編

Q16 障害のある児童が学習についていけないので，特別支援学級への転籍を勧めたほうがいいと思っているのですが。

学習の理解が難しいのかな…支援学級のほうがいいかな…

学習内容がわからず授業にも取り組めないでいる

このままでは，ますます他の児童との差が大きくなってしまう

特別支援学級に転籍をさせたほうがよいのでは…

A 合理的配慮を再確認することが重要です。

　最近，障害のある児童の就学において，学校や教育委員会と合意形成ができなく裁判まで発展した事例もあります。『教育支援資料』(文部科学省，2012)にある「就学手続き」や「障害者の権利条約」「障害者差別解消法」「合理的配慮」など児童の学習保障と就学に関連する事項を考えていきます。

●障害者権利条約や障害者差別解消法の理解

　障害者の権利条約では，「インクルーシブ教育システム」において，

・人間の多様性の尊重などの強化。
・障害者が精神的および身体的な能力などを可能な最大限度まで発達させ，自由な社会に効果的に参加することを可能とするとの目的の下，障害のある者と障害のない者がともに学ぶ仕組みであり，障害のある者が「教育制度一般」から排除されないこと。
・自己の生活する地域において初等中等教育の機会が与えられること。
・個人に必要な合理的配慮が提供されること。

などが必要とされています。

●十分な学習保障をするための環境整備と合理的配慮

　障害のある児童が通常学級に在学しているということは，児童の障害が"認定"されていることであり，かつ，設置者・学校と本人・保護者の間で，障害の程度や実態などに応じて合理的配慮について合意形成がはかられており，さらに，その内容を個別の教育支援計画に明記されていることになります。

　したがって，学校はその合理的配慮に基づいて，

・障害のある児童が学習についていけるように，校内の支援体制を駆使して困難さを軽減しているのか。
・個別的な対応をしているのか。
・本人ができるようになるための支援具の活用などをしているのか。

など必要十分な環境調整がなされているのかが問われます。

たとえ，合理的配慮について関係者間の合意形成の内容が不十分であっても，実施する中で児童の発達の程度，適応の状況などを勘案しながら柔軟に見直しができるようにしていかなければなりません。

このようなことから，障害のある児童が学習についていけないからといって，むやみに特別支援学級への転籍を勧めてはいけません。合理的配慮を否定することは，障害者(児)の差別にもあたってしまいます。

●特別支援学級に転籍を勧める場合

校内支援体制や合理的配慮を見直し，精一杯支援を継続してもなかなか難しい場合には，保護者や本人と話し合って，特別支援学級への転籍を考えていきます。その場合には，校内の就学支援委員会を開催して判断し，さらに，市区町村教育委員会の就学支援委員会への手続きを進めていきます。

●特別支援学級に転籍した後

障害のある児童が特別支援学級に転籍をしても，その「学びの場」は，児童の適応状況や環境変化による「状態像」の変化に応じて柔軟に見直しができることを確認し，再び通常学級に変更することも可能とします。そのためには，個別の教育支援計画の作成・評価を経て，変容を確認していくことが大切です。校内の就学支援委員会では，その児童の教育課程や支援内容を検討し，毎年適切に判断をしていきます。

ここがポイント　特別支援学級への転籍の判断は？

- 合理的配慮がなされているかを再確認する
- 校内委員会を開催して支援体制を見直す
- 個別の教育支援計画や個別の指導計画の合理的配慮の内容を見直す
- 支援体制や合理的配慮を十分に行っても難しい場合には，保護者との合意形成をして，転籍を考える

ベテラン先生からのアドバイス

通常学級の中に障害のある児童が在籍しており，その児童が種々の障害の程度によりみんなと一緒のペースで学習に取り組むことができず，しだいに学習の遅れが目立ってくる場合があります。担任としてもさまざまな手立てをとるのですが，本人のためだけに支援をすると他の児童にも影響が出ます。担任はそのジレンマで悩むことが多いでしょう。

特別支援教育は，担任一人で孤軍奮闘するものではありません。安易に特別支援学級への転籍を勧めるのではなく，学校全体の問題としてとらえ，校内委員会を開催してその児童の支援体制を再度見直すことが必要です。個別の教育支援計画には合理的配慮が本人・保護者との合意の上で記載されているはずですから，必要な改善点などについて再確認することが重要です。

(山形大学大学院教授　三浦 光哉)

Q&A 編

Q17　障害のある児童がいじめられているようなのですが，どう対応すればよいでしょうか。

障害を理由にしたいじめを解消したい。

自分とは違う相手に暴力的に対応する児童が学級にいる

Aくんが陰で悪口をいわれているようで心配だ！

どのような対応が必要だろうか？

障害のある児童の困難さに対する理解と共感が必要です。

　理由は何であっても，避けたり陰で悪口をいったりすることは「いじめ」であり，絶対に許されないという毅然とした指導が大切であることはいうまでもありません。その上で，発達特性のある児童一人ひとりの学びにくさや生きづらさに対する理解と共感が必要です。そのためには，学級全体への支援と個別の支援の考え方から，効果的な対応策を考えていきます。

●多様な児童の在籍が前提の学級経営

　学校は，いろいろな人とのかかわり方について学んでいくところですから，「学級には多様な児童が在籍している」ことが前提の学級経営をしていることになります。児童であっても苦手な相手はいるものです。「みんなと仲よくしなさい」といわれても，児童だからこそ苦手な相手とのかかわり方がわからず，相手を傷つける言動も多くなります。いつも一緒に遊んだり気兼ねなく話したりするような「友だち」になる必要はありませんが，相手の存在を尊重し思いやりの心をもつことは必要です。道徳科や特別活動のほか，教育活動でのさまざまな機会をとらえて，自分とは違う考えや感じ方があってあたり前であることや，一人ひとりの存在が大切であるように，一人ひとりの考え方や感じ方が大切であることを伝えていきます。

●児童の「困り感」を理解する

　例えば，ゲームに負けるとすぐに癇癪をおこす児童がいます。一緒に遊んでいる児童は，ゲームが続かずに楽しい遊びを台なしにされたと受け止めます。そして「アイツとはもう一緒に遊ばない」と仲間外れの構図ができあがっていきます。ここで，「癇癪をおこす」という行動を「困った行動」ではなく，「本人の『困り感』の現れ」ととらえることが重要です。「癇癪をおこす」という行動が現れる理由について，次のように考えることができます。

・「勝つこと」にこだわるあまり，負けることに予測がおよばないままゲームに参加している。

・勝ち負けが，遊びの中だけのことに過ぎないという状況の理解が難しいために，「負ける＝ダメなこと」と思い込んでいる。
・「癇癪をおこす」という行動を取ることで，困難な状況から逃避している。

　大切なことは，「みんなを困らせているのではなく，本人が一番困っている」ということを，周囲の児童に理解させることです。そして，負けたほうが先に好きなものを選べるじゃんけんゲームや，勝ち負けのないゲームを全員に考えさせて学級活動で取り上げるなど，困り感を抱えずにみんなで楽しめる時間を創造できるということを，体験を通して学んでいけるようにします。

障害特性にかかわらず，だれしもなんらかの困り感はあるものです。それを理解して行動することは，他者理解や，児童各人の学びにくさや生きづらさに対する深い理解や共感につながります。

● 学校全体として組織的に対応する

　いじめの疑いがあれば，個人的・場当たり的な対応とならないように，学校いじめ対策委員会などを核として，学校全体で情報を共有して取り組んでいきます。校内委員会でスクールカウンセラーや，必要に応じて外部の専門家などと連携して本人の困り感を的確にとらえて，特別支援教育コーディネーターに校内委員会の開催を依頼し，組織的な対応策を検討していきます。

ここがポイント　障害を理由にしたいじめに対応するには

● 理由は何であっても，いじめは絶対に許されないという毅然とした指導をする
● 「学級には多様な児童が在籍している」ことを前提の学級経営をする
● 問題行動を「困った行動」ではなく，「本人の困り感の現れ」ととらえて理解する
● 「みんなを困らせているのではなく，本人が一番困っている」ということを理解させる
● 学校いじめ対策委員会などを核として学校全体で取り組む

ベテラン先生からのアドバイス

　授業中に離席や他害，大声などの問題行動がおきれば，当該児童の学習に遅れが生じるだけではなく，学級全体の授業の進行にも支障をきたすことが予想されます。また，それに追随する児童が現れる可能性も考えられます。だからといって，絶対にいじめの対象にしてはいけませんし，見えている行動だけへの対応は対症療法にしかならないととらえておくことが必要です。

　児童の「困り感」を理解する方法の一つとして，機能的アセスメントが有効です。機能的アセスメントでは，問題行動には，①注目の要求②物や活動の要求③困難な課題や状況などからの逃避④運動感覚刺激などの自己内部の刺激の獲得の四つの機能のうちのいずれかがあると考えます。そして，問題行動のもつ機能を「きっかけ」-「行動」-「結果」の三項関係から推定し，支援内容を考えていきましょう。

＊機能的アセスメントについては，ジェームズ．カー他著：園山繁樹訳．入門・問題行動の機能的アセスメントと介入．二瓶社（2002年）など参照。

（東京都世田谷区立奥沢小学校校長　玉野 麻衣）

Q&A編

 Q18 クラスの中で障害のある児童に友だちができないようなのですが，どう対応（サポート）すればよいでしょうか。

発達障害の児童が，休み時間にクラスの児童たちと遊んでいない。

あの子，休み時間にいつも一人でいるね

クラスのみんなと遊べたら，楽しいのに…

どうかかわったら，いいかな？

 A 児童どうしのサポート力を高めましょう。

上のイラストのような状況が見受けられたとき，その状況を当事者である児童がどう受けとめているのかをきちんと把握することが大切です。本当は一緒に遊びたいと思っているかもしれませんし，一人で好きなことをしてマイペースに過ごしていたいと思っているかもしれません。

一緒に遊びたいのだけれどもかかわり方がわからない，ということであれば，遊びたいという思いを実現できるように，他の児童がサポートできるとよいでしょう。学級の児童たちからのかかわりを増やして，遊びに参加しやすい雰囲気をつくれるように，学級全体のコミュニケーション力を養うことが必要です。

コミュニケーション力を養うためには，相手の立場に立って共感する能力を身につけることが重要です。先生は，日々の学校生活で相手のことを思いやった言動を見かけたら，その都度取り上げて認め，学級の中で共通の価値として位置づけていく，といった学級経営の工夫が大事です。

低学年であれば，遊びに誘うときや遊びに入りたいときの伝え方を学級で練習するのもよいでしょう。例えば，休み時間にクラス遊びをする日を決めて，遊びを提案する役割・誘われる役割を当番制にして，両方の役割を意図的に経験させるといった活動の設定が考えられます。

発達障害や知的障害のある児童にとっては，誘われることで一緒に遊ぶきっかけとなることが期待されます。他の児童にとっては，誘われたときのうれしさを感じる機会となり，相手の気持ちを思いやることにつながると期待できます。

そうして遊びに参加できるようにしながら，先生はその次に課題となりそうな場面を想定しておきます。支援が必要なこととして，以下いくつかあげます。

・遊びのルールの理解。
・思い通りにならなかったときの気持ちの調整。

・ルールや遊びの中で変更があったときの対応のしかた。
・途中で遊びから抜けたくなったときの伝え方など。

　先生は遊びの様子を見取り，児童どうしで解決が難しそうな場面では，適宜助言します。

　一方で，休み時間は一人で好きなことをしているのが楽しい，という思いの児童もいます。授業や集団での活動の時間は緊張して過ごしていることが多く，休み時間は安心して落ち着ける時間にしたいという児童もいます。

　このようなケースでは，校内で静かに過ごせる場所を確保して，一人の時間を保証することが支援になることもあります。

　インクルーシブ教育は，障害のある児童と障害のない児童ができるだけ「同じ場で」ともに学ぶことを目指しています。この「同じ場で」ということと，「みんなが同じことをする」ということは，イコールではありません。

　担任の立場としては，「みんなが仲よく遊べる学級にしたい」という思いが強いことでしょう。しかし，個々に適した支援を検討するとき，クラスにとらわれ過ぎないで，児童・保護者のニーズをよく聞き取って，ニーズに合った支援を一緒に考えていくことが大切です。

ここがポイント　個々にふさわしい支援

- まず，発達障害や知的障害のある児童自身がどうしたいのか，傾聴する
- ふだんの学級経営の中で，相手を思いやる言動を認めて学級の価値として位置づけ，相手の立場に立って共感できる力を育てる
- 遊びに誘うときの伝え方，入れてほしいときの伝え方を決めておき，練習する
- 一人で落ち着いて過ごしたいときには，一人の時間を保証する

ベテラン先生からのアドバイス

　友だちができないことについて，心配する保護者がいるかもしれません。そのような保護者には，以下のようなアドバイスをすることがあります。

　小学校・中学校の時期は，学校外で，習い事や課外クラブなどで同じ趣味の集まりを探すことも手です。共通の趣味が明確なので，話すことに意欲的になる効果が期待できます。また，そこでの人間関係が苦しいときには，その習い事や課外クラブを辞めることができるという利点もあります。

　ポイントは，仲よくすることが目的ではなく，あくまで同じ興味・関心のある児童生徒どうしのかかわり，ということです。これらの経験が高等学校以降になったときに，部活動や同好会などへの参加といった目的を共有する人どうしの集まりへの参加へとつながっていきます。

（東京都北区立王子第五小学校　大嶋　一敬）

Q&A編

Q19 字を読んだり書いたりすることが苦手な児童への学習支援は，どのように行ったらよいでしょうか。

授業のペースに遅れてしまう。学習の積み残しが増えてしまいそう。

すらすら読めなくて嫌だなあ…

練習しても上手に書けない…

何を答えればよかったのかな…

A 読み書きに困難がある児童は，状態に応じた適切な指導と支援を求めています。

　読み書きにつまずきのある児童には，「LD」「学習障害」「ディスレクシア」などといった，医師の診断を受けているケースと，そうでないケースがあります。

●診断を受けているケース
　医療機関を受診し，専門家によってアセスメントが実施され，認知・機能面における困難が明らかになっています。保護者は支援方法への具体的な助言を受けています。ただし，学校での学習支援についてどのように実施できるかは，面談時に保護者のニーズだけでなく，児童本人の願いをていねいに聞き取ることが必要です。担任個人ではなく学校としての支援方針を定め，個別の教育支援計画を作成し，目標や具体的な支援の手立てを確認し，定期的な評価をしながら支援していけるとよいでしょう。

●行動観察から気づきのあるケース
　学習の様子から，読み書きにつまずきがある児童を「読み書き障害」ととらえてしまうのは安易です。「先天的な脳機能の問題」によって「読み書き困難」の様相が現れているのか，「学習機会が少ないために未習得の状態」であるのかを見極める必要があります。その確認方法として，学級担任ができるさまざまなアセスメントがあります。一例として，MIM－PM(海津；2009)，直音・単音・単文音読検査(小枝；2012)，「読めた」「わかった」「できた」読み書きアセスメント(東京都教育委員会；2017)などがありますので，活用するとよいでしょう。

●教室における合理的配慮
　以下に一例を紹介しますが，一人ひとりの状態や教育的ニーズなどに応じて，無理のない範囲で提供されるものであることに留意してください。
【文章を目で追いながら音読することが困難な場合】
・授業で失敗しないように，事前に読むところを教えて，家で練習するように伝える。

- 読む場所がわかるように、分ち書きをしたテキストやスリットを入れた自助具を使用する。
- 効率よく学習するために、音声読み上げ装置やコンピュータの読み上げ機能を活用し、聞き取って文章を理解する。

【板書したり、記述したりすることが困難な場合】

- 本人が書きやすい筆記用具（鉛筆やシャープペンシル、消しゴム、下敷きなど）や補助具（グリップ、ホルダーなど）、マス目が大きいノート、罫線のある用紙を使用する。
- 時間内に終われるように、記述する量を減らし、部分的に記述するだけで完成するワークシートを配布する。
- 学習意欲が低下しないように、最初は大まかに書けていれば正解とする。

【文章の内容理解が困難な場合】

- 視覚的に内容をとらえられるように、文章に関連するイラストや写真を提示する。
- 部分どうし（部分と全体）の関係性を目で見て理解できるように、文章の構成や段落の関係を図で表す。
- 限られた中から選んで答えられるように、選択肢を用意する。

ここがポイント　読み書きに困難がある児童への学習支援

- 行動観察や調査といったアセスメントを行い、読み書きが困難な背景を見極める
- 標準化されたアセスメントなどを活用して、読み書きの実態をきめ細かく把握する
- 一人ひとりの状態や教育的ニーズなどに応じて、無理のない範囲で合理的配慮を提供する
- 本人・保護者と相談し、個別の教育支援計画、個別の指導計画を作成して支援を行い、定期的に支援の手立てに対する評価と見直しをくり返し行う
- 通級指導教室や特別支援教室を利用する場合は、指導担当者と方針を共有し連携する

ベテラン先生からのアドバイス

　巡回相談を通して、「読み書き困難」が脳機能の問題でない事例を多く見ています。学習を積み残したまま中学生になると、不登校になったり進路選択の難しさが生じたりすることがあります。低学年の段階で予防的な介入と支援を行うことで改善される可能性が大きいにありますから、小学校でいち早く気づいて対応することが大切です。

　「読み書き困難」の児童は、どんなに努力しても読んだり書いたりすること自体にエネルギーが奪われてしまいます。そのため、思考や表現といった本来学習において必要とされる分野にもっている能力を存分に使えないでいます。困難の状況に応じて、授業で個人へのICT機器の活用などの支援があたり前になることを願っています。保護者や医療機関など外部の専門家と相談をしながら、既存の概念にしばられず柔軟な発想で支援方針を検討していきましょう。

（池尻 加奈子）

Q&A 編

Q20 みんなの前での発表が苦手な児童への学習支援は、どのように行ったらよいでしょうか。

話すこと、発表することに不安があるのか、授業ではほとんど人前で話さない。

ふだんは親しい友だちと自然に会話ができるのに…

他の児童の前では、大きな声で発表することができない…

どんなことから支援すればいいのかしら…

安心して話すことができる場所や相手を少しずつ増やすことがポイントです。

　児童によって話すことができない場面や程度には、かなり差異があります。家庭では自然に会話をしたり思っていることを伝えたりすることができるし、親しい友だちとならやり取りできる場合もあります。また、グループで話し合うときには小さい声ながらやり取りできるし、みんなの前で教科書を読むことは緊張しながらも何とかできる場合もあります。しかし、みんなの前で発表するとなるとうつむいて困ってしまうなど、場面や話を聞いている人数によって違いがあるのです。まずは、安心して話すことができる場所や相手を探っていくことが大切です。

　次に、スモールステップで練習をします。いきなりたくさんの人数の前に立つと不安になったり緊張してしまったりしますので、児童が安心できる人や少ない人数の前で発表することから始めましょう。自己紹介する、自分の好きなものや得意なことを発表する、クイズを出すなど、発表内容は児童の状態に合わせて選びます。発表することを書いた紙を見ながら、練習してもいいでしょう。

　家庭にも協力してもらい、家で発表の練習をしてもらうのも一つのステップです。家でできるようになったら、教室で先生と二人で練習する機会をつくります。先生の前でできるようになったら、仲のよい友だちどうしで発表し合うなど、少しずつ人数を増やした中で発表できるようにしていきます。

　その一方で、決まった言葉をいうような発表の機会、例えば、授業の号令係や朝の会、帰りの会の司会など、みんなの前で声を出す経験を積むことも大切です。また、小グループや学級全体でゲーム的な要素のある活動を通して適切な言葉をくり返し使用できるようにするなど、楽しみながら声を出す経験を積ませることもよいでしょう。

　このような練習をするときには、声が小さかったり部分的にしか発表できなかったりした場合で

も，できたことをほめるようにします。また，すぐに言葉が出てこないときに，先生があてはまりそうな言葉を適宜いったり考えられる言葉をいくつか提示して選択させたりすることは，児童を後押しすることにつながります。

高学年の児童の場合，発表が苦手な背景にはうまくいかなかった経験を何度もくり返してきたことがあると考えられます。適切な速さや音量で話すことが苦手であったり，途中で話が途切れたり言葉に詰まったりすることがあり，その点を周囲から指摘されて自信を失ってしまったのかもしれません。練習するときは本人とよく相談しながら，児童の意思を尊重して進めることが大切です。また，保護者の了解も得て，支援を行うのがよいでしょう。

「指名されるとドキドキして，言葉が出なくなっちゃう」と話す児童もいます。児童の状態に応じて，児童が安心して話すことができる他の先生やスクールカウンセラーへ相談する必要があります。強い不安や緊張のために人前で話すことが難しい状況であるとすれば，専門機関との連携が必要です。

ここがポイント　みんなの前で発表することが苦手な児童の支援で大切なこと

- 発表が苦手な児童が安心して話すことができる場や人を探る
- 児童が不安なく話すことができそうなスタイル，話の内容を選んでスモールステップで進める
- 児童が安心して発表できる環境を整える
- 保護者の了解や協力，他の児童の理解や協力を得る
- 困難さのレベルを判断し，必要に応じて他の先生や専門機関による支援につなげる

ベテラン先生からのアドバイス

言葉を理解する力，言語能力はあるのですが，ある特定の場面や状況で話すことができない状態が続いているケースがあります。「選択性緘黙」の症状です。家以外ではまったくしゃべらない場合もありますし，小声で単語をいくつか話す程度はできる場合もあり，その症状はさまざまです。

これまで担当してきた高学年の児童の中には，次のようなケースもありました。通常学級では友だちに対してうなずく程度の反応を返すだけでしたが，担任とは小声で会話ができました。その一方で，特別支援教室では明るいトーンで多弁なのです。そして，「（通常学級では）しゃべらなくてもいいの」といっていました。担任との信頼関係は構築できていて，担任が問いかけたときは答えることができていました。さらに，リラックスした状態で児童の気持ちや考えを聞き出すことが可能なのは，特別支援教室での担当との会話場面でした。そこで，指導担当と担任とが連携して，指導・支援を進めることができました。その児童に合った配慮と支援を提供していくことが大切です。

（本谷　あゆみ）

Q&A編

Q21 多動で落ち着きがない児童への学習支援は，どのように行ったらよいでしょうか。

授業中に立ち上がったり，絶えず手足を動かしたりしている…。

興味を持つとすぐ見てしまう

よく手足をそわそわ動かす

勝手に離席してしまう

 学習環境，先生の指示，学習内容などを見直してみましょう。

●多動で落ち着きがない児童の特徴

　授業中に目についた人や窓の外から聞こえてきた音に反応したり，他の児童がもっている物や，やっていることが気になって立ち上がってふらふらしたりしてしまう児童がいます。また，消しゴムのカスを集めて球状にして転がして遊んでみたり，机の上に出してあった算数ブロックを積んで積み木遊びをしたり，足や手でトントンと音を出したりして，絶えず手や足を動かしている児童もいたりします。

　多動で落ち着きがない児童は，
・視覚的，聴覚的な刺激に影響を受けやすい（→つまり視野が広い!）。
・集中できる時間が短い（→つまり興味・関心がたくさんある!）。
・先生からの全体指示を理解できず，今やるべきことがわからない（→指示が個別的で，具体的であればわかる!）。

などの特徴が見られます。

●教室環境の見直し

　まず，教室内の環境を見直してみましょう。全体指示を行っている先生の背後には何がありますか。背後の壁に，黒板以外の別の刺激物があったりしませんか。視野の広い（視覚的な刺激に影響を受けやすい）児童は，前面横の掲示物や給食のメニュー，日直の名前，黒板の上の時計などにも注意が向いてしまうことがあります。

　話をしている先生だけに注目してほしい場合は，背後には何もないほうがいいかもしれません。プレゼンテーションのように注目してほしい内容だけを提示したり，ミニ黒板や文字カード，絵カードなどを提示したりするという方法もあります。用意してある教材も見えるところに置いておくのではなく，事前に隠してあった教卓の中から出すなどのほうが注意を引きつけられると思いませんか。

●授業の見直し

　次に，授業内容や先生の指示の出し方などはどうでしょうか。集中できる時間は短いけれど，興味・関心がたくさんあり，また，熱中できることには驚くべき集中力を見せる児童がたくさんいます。

　私たちも興味がもてない講義などを長時間聞かなくてはならない場面では，違うことを思考したりしませんか。児童の興味・関心を引きつける要素のある教材・教具をできる限り用意できるように努力したいものです。

　また，短時間で完結できる課題が複数（たくさん）用意されていれば，集中が持続できることもあります。さらにその課題をいつ始めるのか，どれくらい行うのか，いつ終わるのかなどの見通しがあると集中が持続します。

　最後に，落ち着かない児童はどのような場面で立ち歩いたり，動いたりしてしまうかも考えてみましょう。全体に向けた口頭での指示や話の場面ではないでしょうか。先生が一方的に話をしていませんか。集中を持続しやすい活動は手先や身体を使うような作業や，友だちとの意見交換や発問に対する回答などの言語活動を伴う活動です。これらの活動を組み合わせながら授業を展開してみましょう。また，離席しそうになったときは，「助手」として先生の手伝いをしてもらうことも一つの方法でしょう。

ここがポイント　児童を落ち着かせるために

- 授業中，目に入るものは隠す，少なく，シンプルにする
- 興味・関心のある学習内容にする
- 短時間で完結できる課題を複数用意する
- 指示を具体的に，個別的に行う
- 作業，活動のある学習を行う

ベテラン先生からのアドバイス

　私が授業づくりで大切にしていることは次の五点です。①環境設定（児童の視界の範囲内に余分なものを置かないようにする），②見通し（授業内のスケジュールを示す。一定の型・パターン，くり返しを大切にする），③教材・教具の工夫（児童の興味・関心を引く教材を使用する），④コミュニケーション（児童が理解できる指示になるようにする。早口になったり，しゃべりすぎたりしないように注意をする。カードや教材などで，指示を視覚的に訴える），⑤児童の活動量の保障（児童が自発的に活動できるように先生はできるだけ動かない。必要に応じて支援をする）。

　これらは，どの学級でも大切にしたい視点であると思います。

（東京都立七生特別支援学校　落合 恵理子）

Q&A 編

Q22 注意の集中が苦手な児童への学習支援は，どのように行ったらよいでしょうか。

飽きっぽい，片づけができない，時間が守れない…。

うまく片づけができない

時間が守れず，遅刻してしまう

どうしたら集中できるかな

A 集中できる時間はどれくらいか，どういう工夫でできるのか，確認してみましょう。

　人間の集中が持続できる時間は15分程度といわれています。私たちも15分ごとに区切って休憩を入れながら作業するほうが，効率が上がるとも聞きます。子ども向け教育番組では，短時間で構成されるコーナーがたくさん存在し，それが一つの番組になっています。また歌，身体表現，知育・教育情報など，幼児でも飽きずに集中して番組を見続けることができる要素がたくさん含まれています。

　注意の集中が苦手といわれる児童たちは，どれくらいの時間や内容であれば集中ができるのでしょうか。注意の集中が苦手な児童は，興味・関心が次々と移ってしまうことも特徴です。しかし，いい換えれば，興味・関心がたくさんある児童ともいえます。では，そのたくさんある興味・関心を上手に活用し，短時間に区切って授業を組み立ててみましょう。

　まずは，児童の実態把握が大切です。

・一つの活動に集中できる時間はどれくらいか。
・どれくらいの量の活動（作業）であれば集中できるのか。
・今，何に興味・関心をもっているのか。どのような活動，教科であれば集中できるのか。

　児童の実態が把握できたら，次は授業の構成づくりです。45分間の授業の中で，短時間で完結するいくつかの場面設定をしてみましょう。

●**先生の話，指示を聞く場面**

　注意の集中が苦手な児童は，往々にして聞き取りが苦手な児童が多いです。指示はできるだけ完結に，そして目に見える形（文字，絵など）で行うとよいでしょう。

●**ペアやグループで活動する場面**

　グループづくりでは，人数が多くなりすぎてしまうと活動に乗り切れなくなってしまうことも考え，その児童の実態に応じた人数構成にしましょう。ペアでの活動は，進行役の補助として先生が

入れるような配置にします。
　また，これも実態把握を基に，活動時間や量を調整できるようにします。できる限り，身体を使う作業や活発に言語活動が行えるような環境を設定することが望まれます。

●意見を発表する場面
　意見を発表する際には，注意の集中が苦手な児童のためにメモを活用します。行動を最後までやりとげることが苦手な児童は，途中で忘れてしまうこともあるため，メモをとったりワークシートに記入したりして，発表の機会を設定します。

●書く場面
　ノートに書く際も，できる限り簡潔に書けるようにすることを心がけましょう。ワークシートを用意するのも一つの方法です。また，黒板に書かれたことを書き写すこともエネルギーを要します。ミニ黒板や文字カードなどを活用し，書き写さなければならないキーワードだけを提示するのも方法です。

　以上のような場面の工夫は，すべての児童が集中できる環境となります。授業の構成も一定の型にし，見通しをもたせてあげることで集中を持続することができます。また，短時間で「できた」という達成感をたくさん積み上げられるようにし，集中が持続できるようになったら時間や量，課題の難易度を上げていくようにするとよいでしょう。

ここがポイント　集中力を維持するために

- 注意の集中，興味・関心について実態把握を実施する
- 45分間の授業中に，短時間で完結できる場面をいくつも設定する
- 身体活動や言語活動を設定する
- メモやワークシートを活用する
- 「できた」という達成感を多く積み上げる

ベテラン先生からのアドバイス

　授業の展開は，注意の集中が持続するように複数の課題や内容を盛り込むようにしていますが，一番に忘れてはいけないことは，あたり前のことですが，その授業の1時間で何を児童に身につけさせたいか，という授業のねらいです。児童の興味・関心に寄り添いすぎて，本来のねらいから外れてしまっては本末転倒になります。

　授業展開の中で用意する複数の課題や内容は，すべて本来のねらいの達成につながるように設定します。そのためには，児童の実態把握は必須条件です。友だちとの言語活動も参加ができなければ意味がなくなります。時間設定，課題の内容，難易度などには注意が必要です。また，途中で投げ出さずに，最後まで行えるように見守れる環境設定も大切になるでしょう。途中で終わってしまうようなら，課題の量を減らすようにして，完結させることが大切です。

（落合 恵理子）

Q&A編

Q23 宿題をやってくることを忘れてしまう児童への学習支援は，どのように行ったらよいでしょうか。

なんで宿題をやらないの？ どうして忘れちゃうの？ 毎日のことなのに…。

「外に遊びに行こう！」と友だちから声をかけられた…

連絡帳には何も書いていない。宿題は出ていないのかな？

宿題のやり方がわからない…

A 宿題をやる意味を本人が納得できるような伝え方をしましょう。

●宿題を忘れる理由は？

「宿題をやってくることを忘れる」といっても，その理由は複数考えられます。理由を探り，どうすれば解決できるのかを児童とともに考え，作戦を立てて取り組ませていきましょう。

どの部分が苦手なのかがわかれば，支援や指導の糸口となります。じっくりと児童を観察するところから始めましょう。以下に，児童がいいそうな言葉を例にあげ，支援のヒントを考えます。

●「宿題が何かわからなかったんです」

学級では，帰りの会の時間などを使い，翌日の時間割やもち物の連絡，宿題の内容を連絡帳に書かせているでしょう。黒板に必要事項を書いて視覚的に情報を伝える，聞き取りの練習も兼ねて先生がいったことを聞き取って書かせる，など先生によってさまざまな方法をとっていると思います。

宿題を忘れてしまう児童の場合，みんなが書いている時間に連絡帳を書いていないのではないでしょうか。また，書いていたとしても，急いで雑に書いた字では，家で見返したときに何をすればよいかわからなくなってしまいます。先生が出した指示を正しく受け止めているかを確認すること，連絡帳に必要事項を正しく書き取れているかどうかをチェックすることは，必要不可欠な支援です。

●「どうやってやればいいか，わからなかったんです」

宿題は，すでにそのやり方を知っていて児童一人でも進められるものがよいです。初めて見るプリントや今までに経験していないやり方の課題では，家に帰っていざ取り組むときに「どうしたらいいんだろう？」と不安になり，やる気が減退してしまいます。

まずは授業の中で取り入れ，すべての児童がやり方に慣れてきたら宿題に出すという手順をふめ

ば，児童も「自分でもできそう」「宿題でもやれるぞ」と安心できると思います。

● 「宿題は毎日やるものだって，知らなかったんです」

宿題は毎日やるものという暗黙のルールに気づきにくい児童がいます。「今日出された宿題は，家に帰ったら取り組み，明日学校に持ってきて先生に提出する」という流れをくり返し伝え，十分に理解できるようになったら説明を省いていきます。一度いえばわかるだろうと思わず，気づきにくい児童がいることもご理解ください。教えたい行動が習慣化するまで粘り強く伝えていきましょう。

● 「持ってきた宿題をどこに出せばよいか，わからなかったんです」

このようにいう児童は，周囲の情報を自分から得ることが苦手なのかもしれません。いつも同じ場所に宿題提出箱を設置したり，宿題をどこに出すかを黒板に書いておいたりして，行動のヒントを示しておき，自分で気づけるようにさせたいものです。

どうすればいいか困ったときに，周囲を見回せばよいことやだれかに聞くことなどの方法をふだんから教えておくと，このような言葉は減っていくと思います。

ここがポイント　宿題を忘れないための対策

- 情報はわかりやすく伝える（話すだけではなく，書いて伝える）
- うっかりミスを未然に防ぐ（同じまちがいを何度もさせない）
- やり方をていねいに説明する（児童がやり方を理解して，一人でもできる宿題を出す）
- 過度な負担にならず，できた経験を積み上げ，自信をもたせる
- 小さなことでもほめる（やったこと，できたこと，少しの変化を認めていく）

ベテラン先生からの　アドバイス

「宿題を忘れました」と毎日のように申し出てくる児童がいると，「なんで?」「どうして?」という思いが強くなりますね。やらずに済ませてしまっては児童のためにならないからと，休み時間や放課後に時間を割いて取り組ませる先生もいます。大体の児童は同じことをくり返し，先生の悩みもさらに大きくなっていきます。

ここで，発想の転換です。休み時間の5分程度を使って，児童と作戦を考えてみてはいかがでしょうか。家に帰ったらまず何から取りかかるか，どの順番で宿題をこなすのかなど，児童と話をしてみてください。作戦タイム中に児童の口から，「〇〇だからできないんだ」という言葉が出てきたら支援のチャンスです。おそらく，児童も「やれるものならやりたい」と思っているはず。できる方法を一緒に見つけ，「できた。やった!」という気持ちを味わわせてあげたいものです。

（東京都北区立西浮間小学校　黒田 紀子）

Q&A編

Q24 学習に必要なもち物を忘れる児童への学習支援は，どのように行ったらよいでしょうか。

ついうっかり…忘れてしまう。

連絡帳にも書いているのに，忘れちゃう

できたことをほめ，自信をもたせたい

なかなかうまくいかないのはなぜだろう

A いつも同じ所にメモを書いて，視覚的に確認できるようにします（書いて提示するときも所定の場所を決めておきます）。

「ついうっかり…」忘れてしまう児童は，指示を聞いてもすぐ忘れてしまったり，家にもち帰った手紙をかばんから出すのを忘れてしまったり，提出する物を忘れてしまったり…。

他の児童に比べたら，わざと？と思われてしまうことがあります。

「忘れ物をするのは，どんなときなのか」学校生活の中で，児童の様子をていねいに見ていきます。一つの行動をするときに，どんな様子なのか観察してみましょう。

児童の様子をよく観察して，日ごろの行動の様子を把握するところから始めてみましょう。大人でも子どもでもそれぞれの特徴がありますが，その児童の特徴をつかんでいくことです。

●忘れてしまうのは？
・どんなときなのか，いつもなのか。
・どのようなものを忘れてしまうのか。

●忘れないのは？
・どんなときなのか。
・何を忘れないのか。

●児童本人が困っていることは（ついうっかりの状況の背景は）？
・話を聞いて覚えておくことが苦手（一度にたくさんのことを聞いて覚えておくのは苦手）。
・話を集中して聞くのが苦手。
・話を聞いて，内容を理解することが苦手。

「わざとやった」と思われることは，児童にとってはとても悲しいことです。忘れてしまった，失敗しちゃったけど，がんばろうと思っていたことをわかってくれて，次に，「〜を用意するんだよ」「ここを見たらわかるよ」と教えてもらえると，安心してがんばろうという気持ちになれます。

次の日のもち物は連絡帳やメモに記入して残し，かばんの必ず所定の場所に入れ，家庭でも確認してもらうように，協力して取り組んでいけるとよい

でしょう。

　また，次の時間の準備については，黒板の決まったところに記載して，視覚的に残しておくこともよいでしょう。所定の場所を必ず確認する，ということに取り組んでいきましょう。提出する物，連絡することを所定の場所に書いておくことは，学級全体の児童にとってもわかりやすいことです。

●授業での配慮

　この児童については，聞くことや覚えておくことなど学習面の苦手さも予想されるので，授業でも配慮（教室環境の設定，座席の位置，発問，板書，教材の工夫と個別の支援など）が必要です。

ここがポイント　学習用具を忘れないための支援

- 児童の実態に基づいて，個別の支援をする
- メモは，文字や写真，イラストなど本人へ伝えやすいものにする
  （メモ用紙はできるだけ簡単に書ける，チェック式で確認できるなどの工夫をする）
- 学習で必要なものを一つにまとめる
- 教科ごとに色つきのファイル，ファスナーつきの袋などに入れておく
- メモをかばんのどこに入れるのかなど，学校と家庭で連携して支援を共有する
- メモを確認してもち物が用意できたときには，児童をほめる
- 行動が定着するまでは，できたときにご褒美がもらえるなどの工夫をして励ましを続けていく

ベテラン先生からのアドバイス

　児童は，忘れ物をしたら，しかられたり怒られたりすることが多いです。

　「いつも忘れてしまって…」「ついうっかり…」の児童は，「どうせ僕なんて…」「自分はダメなんだ…」という思いで，なかなか自信がもてなくなっています。自信がなくなってしまうと，次はがんばろうというやる気もなくしてしまいます。

　忘れ物をして困っているのはだれでしょうか。忘れ物をして困っているのは，児童本人なのです。先生は児童の苦手なところを理解していきながら，具体的な対策を一緒に考えていきましょう。どのやり方がよいのか，児童が自分で選んで決めるのもよいでしょう。

　視点を変えて，「忘れ物をなくす」という目標から，「学習に必要な○○と□□を必ずもってくる」という具体的な目標に代えてみます。そして，できたときにほめて，児童が少しずつ自信をもって取り組めるようにするとよいでしょう。

　また，忘れてしまったけれど，貸してもらった友だちに「ありがとう」と感謝の気持ちを伝えることができる，児童の「よさ」も大切にしていきましょう。

（埼玉大学教育学部附属特別支援教育臨床研究センター　加藤 和子）

Q&A 編

Q25 机のまわりに学習用具などが散らばっている児童への学習支援は，どのように行ったらよいでしょうか。

机の上も中も学習用具がごちゃごちゃだ…。

机の上がごちゃごちゃ…

机の中も物がいっぱいでぐちゃぐちゃ…

なんだか怒ってばかりになってしまう

A 児童が自分でできるようになるまで，つきあうことが大切です。

児童の机のまわりや机の中の物を整理・片づけをすることに，先生も一緒に取り組みましょう。物があふれている時代に，必要な物を選んで整理することはなかなか難しいものです。小さいときからの経験によって身につけ，定着するのに時間を要します。学校生活の中で，児童が自分でできるようになるまで，根気強くつき合うことが大切です。

年齢や学年で判断するのではなく，児童の様子をていねいに見て，児童が自分で整理できるようになるまで一緒に取り組みましょう。児童の日ごろの行動を理解するところから始めてみましょう。

● 「机のまわりが散らばってしまう」のはなぜか？
・整理や片づけをするやり方がわからない。
・わかっているけどできない。
・授業がわからない。

● 児童本人が困っていることは何か（物が散らばってしまう状況の背景は何か）？
・不注意の傾向が強く，片づけが苦手。
・気持ちが散りやすく，片づけを忘れている。
・学習で困っていることがある。
・空間の把握が苦手で，どこに入れたらよいかわからない。
・この物はここに置いておきたい，という思いが強い。

学級のみんなの前で注意されたりしかられたりすることは，児童にとって，とても恥ずかしいことです。本人が，「自分は片づけが苦手」と理解しながら，どうしたら片づけることができるのか，先生が一緒に取り組んでいくことが大切です。

少しずつできるようになってきたことを喜び，自信をもって整理できるようになるまで，根気強く一緒に取り組んでいけるとよいでしょう。

授業の始まりに何を用意するのか，授業の途中での確認，授業の終わりに片づけをして次の授業の準備をするなど，児童のペースに合わせてその都度言葉かけをしていきます。

次の準備をしていると，机の上の物が落ちてしまうこともあるので，学級や児童の実態に合わせて，言葉かけのタイミングの工夫が必要になります。言葉かけと同時に，整理の助けのために掲示物やカードを活用してもよいでしょう。

● 授業での配慮

この児童については，集中することや空間の把握など，学習面での苦手さも予想されるので，授業への集中ができるよう本人の机上の片づけの他，授業でも配慮（全体の教室環境，整理整頓の工夫，座席の位置，板書，教材の工夫と個別の支援など）が必要です。

ここがポイント　机まわりの整理

- 児童の実態に基づいて，個別の支援をする
- 自分でできるようになるまで一緒に取り組む
- 一日の中で，机のまわりや机の中の整理・片づけをする時間を設定する
- 机の上に置く物，置き方がわかるように提示する
- 机の中（道具箱の仕切りをつける）に入れる物，入れる場所を決めておき，入れる物の名前，写真や絵（色分け）などをつける
- 教科ごとに色つきのファイル，ファスナーつきの袋などに必ずしまう
- 終わった授業の学習用具は，片づけボックスやかばんにしまう
- 教室内の環境を設定する（学級保管の物の出し入れを練習する）のもよい

ベテラン先生からのアドバイス

いろいろ試してみてもうまくいかないことがあります。〇か×での評価でなく，どこまでできているのか，どんな条件や状況のときにできそうなのか，ていねいに児童の状況を見ていくことが大切です。このことは，個別の支援を考えていく上でポイントになってきます。

さらに，児童ができたこと，ほめるチャンスを見つけることが大切です。大人も児童も「できていない」ことばかりをしかられていたのでは，がんばる気力も湧いてきません。それどころか，「自分なんて…」と思いながら，自尊感情を低くして成長していくことになります。先生にとっても，しかってばかりよりもほめることが増え，児童との関係もよくなれば，前向きに取り組むことができます。少しでも（一つでも）できたら，ほめることがポイントです。

先生は児童本人が困っていることを忘れずに，課題の整理をして根気強く取り組んでいきましょう。特に，低学年の場合には，学習用具の何が必要なのか，机の上に置く物，置き方など具体的に写真で提示し，児童自身が「自分でやってみよう！できそう！」と意欲をもてるような環境を整えて，学級全体で取り組んでもよいでしょう。

（加藤 和子）

Q&A 編

 Q26 苦手な学習について，どのようにして個別の教材をつくってサポートしたらよいでしょうか。

学習がわからないことで，日々笑顔が減ってきている。できる喜びを感じさせたい。

書くことが苦手。いろいろな場面で困っている姿を見かける

「できないからやりたくない」と苦手意識がある

授業中にAさんの笑顔を見たいわ

 A まずは実態把握。本人の特性や得意なことを生かした教材を複数用意します。

　まずは，その児童の実態を把握することが大切です。何ができて何ができないかを知ることです。実態に応じて対応が異なります。例えば，教科書の音読についての支援では，
・漢字が読めないのであればふりがなをふる。
・単語の切れ目がわからずつなげて読んでしまうのであれば，分かち書きにしたり，単語の先頭に○を書いたり単語ごとに○で囲んだり，横や下に線を引いたりして，単語のまとまりを意識できるようにする。
・読む行がわからなくなってしまうのであれば，ものさしを当てたりスリット入りの下敷きを使ったりする。
・併せて文字を大きくしたほうが見やすい場合は，拡大レンズつき定規を使用するなどして文字に着目しやすくする。
・文字が小さくて読みにくいのであれば，拡大コピーをしたり大きく書いてあげたりして見えるようにする。

など，いろいろな支援が考えられます。

　このように「音読」一つをとってみても，それぞれの状態によって対応は変わってきます。どうしても「できない」ことに目が行きがちですが，どうしたら「できる」のかを考えてあげることが大切です。

　また，できるときの様子を細かく分析することも大切です。例えば，写真や実物があると理解しやすい，文字を自分で読むことは難しいけれど，読んで聞かせると理解できる，九九は覚えていないけれど，九九表を見れば割り算のやり方はわかるから問題を解くことができる，白紙の紙だとまっすぐ書けないけれど，マス目の用紙を使うとまちがわずに文字が書けるなどです。

　そのようなことがわかれば，どんな教材を準備すればよいか自ずとわかるでしょう。教材といっても大げさなものではなく，きっと学校の中では

ふつうに使われているものかもしれません。マス目のノートも低学年ではあたり前に使われているでしょうし，写真や映像も実物を見せられないときには活用しているでしょう。

「話を聞くことが苦手」な児童に，いくらいって聞かせても理解しにくいのはあたり前です。写真や映像を使うほうがきっと理解が進むでしょう。「勉強」と聞くと抵抗感がある児童も「ゲーム」と聞くとやる気を出す，文字を読んだり書いたりすることに抵抗があっても好きなキャラクターの名前なら喜んで取り組むなどです。

本物や紙でつくったお金でお店屋さんごっこをすることで，計算に取り組むことができたり理解が進んだりすることもあります。集中力が不足する児童には，身体を動かす場面をつくってあげるとよいでしょう。一人ひとりの状態をしっかりと見取ることが大切になってきます。

また，教材はその児童ができるものから与えて，「できる・わかる」と実感できるようにすることで意欲が増すことが多いです。プリントの場合は問題数を少なめにする，座席は前や端のほうにするなど，本人が集中して取り組みやすい環境を整えることも大切です。

さらに，がんばった成果を本人がわかる形，目に見えるようにしてあげることも必要です。毎日できたものを持ち帰って，おうちの人に見せて認めてもらう機会をつくる，ファイルにとじ込んで「量」を実感させる，カレンダーに合格シールをはるなど，本人と話をして「実感できる」方法を決めて取り組んでみてください。

ここがポイント　苦手な学習の支援

- まずは実態把握。何ができて何ができないかを知る。細かく分析し，どこでつまずいているのかをしっかり把握する
- その児童の特性や得意なことを生かすと効果的。視覚化・動作化すると効果的なことも多い
- できるところからスモールステップで学べる教材を与える
- 「できた」「わかった」と実感できる場を多くつくる

ベテラン先生からのアドバイス

教室で支援グッズを使いたいけれど，児童本人に抵抗があって使いにくいことがあります。支援グッズは複数個用意しておき，「使いたい人はどうぞ」「確認のために使っていいよ」などと全体に伝えることで，安心して使うことができます。おはじき，机につけるついたて，九九表，ひらがな・カタカナ50音表やローマ字表などを教室に常備しておくと便利です。

また，扱いやすい道具を使うことも大切です。例えば，コンパス。ねじが緩んでグニャグニャしているものを使うと，きれいな円が描けないのはあたり前です。学習に適する道具を準備しておくことも先生の役目です。支援が必要な児童が学習しやすい環境を整えることが，学級全体にとってもわかりやすくよい場となります。だれもが学習しやすい環境を整えてください。

（神奈川県川崎市立小田小学校　前田 三枝）

Q&A編

 Q27 障害により苦手になっている学習は，他の児童と違う学習内容にかえてもよいでしょうか。

自分の目標を達成し，自信をもって学習に取り組めるようにしたい…。

やはり作文は苦手だなあ…

言葉を選べるから，これで取り組めるかな？

この作文なら，書けそう…

 本人に合った内容を設定し，取り組み方を工夫して意欲を引き出しましょう。

　苦手意識があり学習意欲が減退している現状は，障害によるつまずきや失敗経験が積み重なって自信や意欲を失い，自己評価が下がっている状況といえます。

　中教審初等中等教育分科会「特別支援教育の在り方に関する特別委員会報告」では，「障害のある子どもが十分に教育を受けられるための合理的配慮及びその基礎となる環境整備」…「合理的配慮」の観点「学習内容の変更・調整」において，「認知の特性，身体の動き等に応じて，具体の学習活動の内容や量，評価の方法等を工夫する。障害の状態，発達の段階，年齢等を考慮しつつ，卒業後の生活や進路を見据えた学習内容を考慮するとともに，学習過程において人間関係を広げることや自己選択・自己判断の機会を増やすこと等に留意する」と示しています。

　障害により苦手となっている児童には，同じ教室で学ぶ他の児童とまったく別の学習内容にかえるのではなく，その児童の実態をふまえた「具体の学習活動の内容や量，評価の方法等を工夫」して進めていきましょう。他の児童とまったく別の課題を設定した場合，その設定内容によっては自尊心が傷つき，不適応行動がさらに進んでいく可能性があります。それぞれの児童が，授業内容がわかって学習活動に参加でき達成感をもちながら学習課題へ向かえるように，校内外の協力を得ながら教育的支援を進めることが大事です。

●実態把握

　先生は，児童がいつ・どこで・どんなときに・どのようなつまずきや困難に直面しているかをていねいに見取ることが大切です。担任だけでなく，学年の他の先生からの情報や外部の専門家からの支援も受けて，具体的支援の材料を集めます。日ごろの行動の様子，友人関係などの授業以外の観察も指導の上で役に立ちます。

・取り組む学習活動がわかっているか。

- 聞く，話す，読む，書く，計算する，推論するといった能力に困難はないか。
- 注意が散漫で，集中力が続かないことはないか。
- こだわりが強く，思うとおりに進まないと固まってしまうことはないか。
- やりぬくための時間が多くかかっていないか。

● 個別の対応・工夫の例
- 視覚的な支援などによって，明確に学習内容や手順を示す。
- 板書の読み取りが苦手な児童には，穴埋め式のワークシートや板書と同じプリントを手もとに用意し，取り組みやすくする。
- 興味があるものの提示，プリント配布などの役割による活動の意図的変化や適時の称賛，刺激の少ない教室環境の整備を進める。
- 個々の実態に応じた課題の量を最適化する。

　各教科における学習への取り組みが難しい児童のつまずきやすさと発達障害のある児童のつまずきは，共通する点が多いといわれています。通常学級では学級全体への支援として，すべての児童のわかりやすさを視野に，児童相互の良好な関係につながる学級づくりを行うとともに，授業で教え合う仕組みをつくっていくことも有効です。

参考文献　独立行政法人国立特別支援教育総合研究所．小・中学校等における発達障害のある子どもへの教科教育等の支援に関する研究（先進的な全国の実践例）．2011.3.

ここがポイント　障害による苦手な学習への対応

- 苦手意識を生み出してきた障害特性や背景を把握する
- 自尊心に配慮しつつ，学習の内容や量，評価の方法などを工夫する
- すべての児童に共通するつまずきに配慮した，全員がわかる授業の改善を進める
- 児童が相互に教え合える親和的な学級集団づくりを進める
- 校内委員会との連携や外部の専門家からの支援で，組織的に対応を進める

ベテラン先生からのアドバイス

　苦手意識があるからといって安易に別の課題を用意すると，かえって自尊心が傷つき学びに向かう意欲が減退することもあります。児童がわかりたい取り組みたいという気持ちをもっていても，学習にどう取り組んでいいかわからないからこそ苦手意識を抱き，その状態が長く続く苦しさを感じています。

　個別の障害に応じた合理的配慮だけでなく，学級集団全体へのわかりやすい授業づくりや認め合う学級づくりが，障害のある児童だけでなく教科指導に困難さのある児童にとっても支援になります。日々の学校生活をともにしている先生だからこそ，コミュニケーションの場面や身体の使い方，相談などを通して困っていることを見つけ，合理的配慮などによって学習活動に参加し達成感を味わえるように進めていきましょう。

（東京都立七生特別支援学校校長　大和田 邦彦）

Q&A 編

28 鉛筆のもち方が上手でない児童へは，どのように指導していったらよいでしょうか。

鉛筆のもち方を直して文字が上手に書けるように支援したい。

もち方が正しくないから文字が上手に書けないのでは…

書くときの姿勢が悪いのも，何か影響があるかも…

よい姿勢で正しく鉛筆をもってかけるにはどう指導したら…

 もち方の指導と併せて，姿勢の安定と手指の巧緻性の練習もしましょう。

　筆記する力は，各教科の学習内容を記録したり考えを深めたり，自分の考えを表現したりする上で，また，他者とのコミュニケーションを進めていく上で重要なものです。鉛筆（筆記具）を正しくもつことは整った文字を適切な速度で書くことにつながることから，そのもち方が原因で上手に書けないのであれば，もち方の直接的な指導から支援を始めましょう。

　鉛筆のもち方を指導するときは，その児童が鉛筆をもっている手もとはもちろんのこと，文字を書く基礎となる「全体の姿勢」や日常生活における動作を観察して取り組むことが重要です。まず，鉛筆をもって文字を書くための身体の準備ができているかを観察しましょう。鉛筆のもち方を支える身体（体幹）や手指の巧緻性などが伸長することによって，鉛筆のもち方がよくなり，上手に速く長い時間書けるようになります。そのためには，以下のような視点で支援を進めていくことが大切です。

●安定した「座位姿勢」が取れているか
・腰を立てて左右の傾きがなく座っているか。
・足がしっかり床について座りが安定しているか。
　→体に応じた椅子や机の高さを調整する（あらかじめ環境を調整する）。
　→筋力・バランス感覚を伸長する（体育などでもトレーニングを取り入れる）。
　→正しい姿勢の補助をして，本人がよい姿勢を意識できるようにする（姿勢が崩れたときに自分で直せるような学習も取り入れる）。
留意点：よい座位姿勢は集中力が増し，学びに向かう力を支えます。筋力やバランス感覚を育てるには一定の継続したトレーニングも必要です。体育の授業においても意図的に取り組んでいくことが有効です。

●正しいもち方になっているか
・鉛筆の適切な（鉛筆の先端や中間ではない）位置

をもっているか。
- 指のそえ方の形（三指握り）ができているか，指先の力加減ができているか。
- 机の上に腕がのって，小指が机上についているか。
  - →正しいもち方を写真や絵で確認でき，修正できるようにする。
  - →不器用さがある場合は補助具（市販されているグリップ，粘土，輪ゴムなど）を活用する（補助具は本人に合っているものであること，正しい位置にセットしてあり，正しい使い方をしているかの確認も大事。三角鉛筆も有効）。
  - →手指の巧緻性を高める運動を行う（指先でひねる力，つまむ力を育成する：ペットボトルのキャップ回し，ボルト・ナット回し，玉ひも通し，洗濯バサミつまみなどで練習する）。
- 留意点：指先に一定の力を入れて加減する力が育っていてこそ正しいもち方を続けることができますので，手指の巧緻性を高めるトレーニングが有効です。

ここがポイント　鉛筆のもち方の指導

- 机や椅子の高さを適切にし，座る姿勢を環境面から整える
- 座る姿勢を支える筋力やバランス感覚を強化する運動を日常的に取り入れる
- 不器用さがある場合には用具（補助具・三角鉛筆など）を活用する
- 手指の巧緻性を高めるためのトレーニングも継続的に取り入れて，正しいもち方を持続できるようにする
- よい姿勢・もち方のイラストを机の上側や側面など見やすい位置にはり，書く作業に入る前に（適宜先生の指導も併せながら）児童自身が確認できるようにする

ベテラン先生からのアドバイス

児童が上手に文字を書けない場合，鉛筆のもち方が原因であるととらえ，もち方そのものを直そうと指導が進むことでしょう。親指・人差し指・中指での三指握りを教え，指のそえ方に注目して，ていねいに指導をくり返したとき，効果がある場合と改善につながらない場合が出てきます。教えられたとおりにやろうとしてもうまく鉛筆をもてない場合は，書くことに負のイメージを抱き，書くことを避けるようになってしまいかねません。

その場合は，正しい鉛筆のもち方を支える身体の準備ができているかどうかにも注目してみましょう。その児童の手指の力や不器用さが影響していることが少なくありません。

身体全体の動きへと観察を広げ，姿勢が安定しているか手指の操作力は十分かを確認して支援をしていくことで，適切なもち方ができるようになっていきます。

（大和田 邦彦）

Q&A編

Q29　障害のある児童の学習評価を行う際には，どのような配慮が必要でしょうか。

障害のある児童の学習評価は，他の児童と一緒でいいのかな…

児童が学習に精一杯取り組めたが…

同じ基準だと学習評価が低くなってしまうかも…

学習評価は，どうしたらいいのかな？

A　個別の指導計画にある目標に即した学習評価をすることです。

　通常学級に在籍している児童の中には，他の児童と一緒の学習内容を達成できず，学習評価を同一の基準でできない場合があります。一方，特別支援学級に在籍する児童が，交流および共同学習で「合理的配慮」を受けながら通常学級で学習している場合なども，通常学級の児童と同一の学習評価を実施できない場合があります。

　以下に，具体的な対応を検討してみましょう。

●個別の指導計画の修正や指導方法の見直しも検討する

　障害のある児童には，個別の教育支援計画と個別の指導計画が作成されています。特に，個別の指導計画では，各教科などの学習内容について具体的な個別目標が設定されています。したがって，他の児童と同一の学習評価を実施できない場合には，基本的に個別の指導計画の目標により学習評価をすることになります。

　学習活動にあたっては，障害のある児童の個別目標がどのように設定されているか，また，その指導方法はどのようにすべきかを確認することが重要となります。学習活動の終了後には，個別目標が達成されたか否かを評価します。もし，達成されない場合には，さらなる個別目標の修正や指導内容・方法の見直しも必要となります。

●多面的な学習評価を行う

　新学習指導要領の中には，学習評価について，多面的に行うことで，より一層，児童の学習活動での取り組みがわかることが示されています。ある一定の観点や基準から評価していくもの，学習の様子として文章表記を評価に追加する場合もあります。また，学習評価の結果から，今後の授業改善に生かしていくことも重要です。

　例えば，観点別学習状況の評価としては，
・何を知っているのか，何ができるのかという生きて働くための「知識・技能」
・知っていること，できることをどう使うかといっ

た未知の状況にも対応できる「思考力・判断力・表現力」
・どのように社会・世界とかかわり，よりよい人生を送るかといった学びを人生や社会に生かそうとする「学びに向かう力，人間性など」

などの資質・能力について三つの観点で学習状況を評価します。

なお，「学びに向かう力，人間性など」については，観点別評価になじまないことから「主体的に学習に取り組む態度」として設定します。感性や思いやりなどは個人内評価とします。

● 学習評価の技法を把握して活用する

学習評価の技法には，右の表のような七つの評価モデルがあります（高浦，1998）。障害のある児童については，活動の学習過程・報告書，作品・発表・討論などに見られる学習状況・成果についてのよい点，学習に対する意欲・態度・進歩の状況などを総合的に評価することが重要です。

ポートフォリオ	蓄積した資料を整理して，児童と対話しながら評価する。
プロフィール	観点別に点数化し，それを見ながら次の課題を設定して評価する。
パフォーマンス	実技・討論・発表などの活動を観察しながら評価する。
プロダクト	作文・レポート・絵画・彫刻などの作品のよさを評価する。
プロセス	学習過程内の興味関心，満足感，課題意識などを評価する。
プロジェクト	あるテーマについて，企画と運営を自己評価する。
パーソナリティ	年表形式でふり返り，年間の学習を観点別に評価する。

> **ここがポイント** 学習評価を行う場合，以下の点が大切
>
> ● 他の児童と同一の学習評価が可能かを確認する
> ● 個別の指導計画の中にある指導目標を確認する
> ● 数値的な目標だけでなく，文章表記でも評価する
> ● 学習評価の種類（技法）を把握して活用する
> ● 学習評価の結果により，さらなる授業改善に生かす

ベテラン先生からの アドバイス

通常学級の中に障害のある児童が在籍している場合，その児童が種々の障害の程度により，他の児童と同一の学習評価ができない場合には，個別の指導計画の中に，具体的な指導目標を明記します。このことにより，学習評価がしやすくなります。そのためには，障害の実態や特性などを十分に把握しておくことが必要不可欠となります。

個別の指導計画は，毎年継続して作成されることになります。また，担任がかわればそれを引き継ぐことになります。それゆえに，個別の指導計画の"評価"の欄には，「どこまでできて，どこからできないか」を具体的に記述してあると，個別目標が設定しやすくなります。また，学習評価は，今後の授業改善に生かすことができるようにしたいものです。

（三浦 光哉）

Q&A編

Q30 障害のある児童をどう励ましたり，ほめたりして学習意欲を高めたらよいでしょうか。

障害のある児童が学級の中で学習意欲をなくしている。

児童が学習に取り組めない，意欲的でない

みんなと一緒に学習活動ができるようになってほしい

どのような手立てをとれば学習意欲が高まるのかしら。

A 本人ができるような個別目標を設定し，明確に提示することです。

　例えば，学習障害の児童は読み・書き・計算の学習が困難になっていたり，注意欠陥多動性の児童は話を聞いていないために内容を聞き逃したり，どの部分を学習しているのかがわからなかったり，自閉症スペクトラム障害の児童は内容を想像したり，切り替えができないために次の学習に進めなかったりなど，さまざまな面で自己肯定感が低く自信喪失となっている場合があります。このような発達障害のある児童の学習意欲を高めるには，登校渋りや不登校になる前に，また，特別支援学級への転籍にならないように，最善の手立てが必要となります。

　以下に，その手立てを探っていきましょう。

●**合理的配慮がなされているか再確認する**

　障害のある児童が，みんなと一緒の学習や行動ができないために，自己肯定感が低く自信喪失となり，さらに二次障害を引き起こすことがあります。障害のある児童が通常学級でみんなと一緒に学習したり行動したりするためには，合理的配慮がなされていないといけません。合理的配慮の内容を確認し，そのための支援体制や指導方法が適切かどうかを再確認しましょう。

　新学習指導要領では，「障害種別ごと」の対応ではなく，学びの過程で考えられる「困難さ」に応じて指導を工夫することが示されています。合理的配慮をする上で，ICT機器の活用による指導の工夫や手立てを考慮することも重要です。

●**認知特性を把握して，たくさん励まし，ほめることで自信をもたせる**

　事あるごとに，障害のある児童のマイナス面（短所）だけを見てしまったり強調してしまったりすることがあります。マイナス面を補い改善するには，先生にとってそれ相当の時間も指導力も必要となります。

　ときには，その児童がもっているプラス面（長所）を見つけて強調することで，自信をつけさせ

ることも一つの方法です。そうすることにより，マイナス面が改善していくこともあるのです。新学習指導要領の中にも，「児童のよい点や進歩の状況などを積極的に評価し，学習したことの意義や価値を実感できるようにすること」と示されているように，よい点を見つけていくことが重要となります。

発達障害のある児童は，認知のかたより（長所・短所）が大きいのが特徴です。認知のかたよりについては，WISC-ⅣやKABC-Ⅱの知能・発達検査により把握できます。

多くの児童は既にこれらの検査を実施しており，その結果の分析がされています。検査結果を再度確認して，本人の認知特性を把握してたくさん励まし，ほめていくことに心がけましょう。

●学校・学級に来る楽しさを見つけ出す

自信喪失や自己肯定感が低くなって，登校渋りや不登校になってはいけません。その前に明確な手立てをとることが重要です。「学校に来ることが楽しい」と思えるようなことを見つけ出していきましょう。

例えば，「休み時間に友だちとサッカーをする」「給食を食べに行く」「○○ちゃんと○○の話をする」など，どんなことでもよいのです。楽しみを見つけて，モチベーションを高めさせましょう。

ここがポイント　学習意欲を高めるための留意点

- たくさんほめて伸ばす
- 障害特性の欠点や課題を強調しない
- 具体的な個別目標を掲げながら取り組ませる
- 改善されていることがわかるように，数値や視覚的に理解できるようにする
- 得意な面を見つけ出して，それを強調することも大切である

ベテラン先生からのアドバイス

学習が困難になっていたり，みんなと同じような行動ができなかったりすると，すべてに拒否的となり，しだいに登校渋りや不登校につながることさえあります。

例えば，学力面で劣っている場合には，単元学習終了時の評価テストにおいて，本人に対して「○○君，このテストでは40点が合格ラインだよ」と事前に知らせておき，その点数に達したときには，「よくがんばったね。合格だよ」と大いにほめてあげます。

また，行動面（離席，トラブル，集中力欠如など）で学習が困難になっている場合には，問題行動の頻度を数値的にグラフ化して示し，「きょうは，昨日と比べて回数が減ったね。よくなっているよ」と視覚的に理解できるようにします。いずれにしても，具体的な数字を提示して，改善されていることが本人に視覚的に理解できるようにすることが効果的です。

（三浦 光哉）

Q&A編

 Q31 障害のある児童のために学習支援員が一人ついていますが，どのような連携・協力が必要でしょうか。

限られた時間の中で，できることをしっかりとやりたい。

支援員がついてくれて，じっくりかかわれる時間は貴重

有意義な時間にしたいけど，打ち合わせをする時間がない

「○○さんばっかりずるい」といわれないよう配慮しよう

 A 担任と学習支援員全員がどんな支援をするか，共通理解をもって対応することが大切です。

　担任の先生や特別支援教育コーディネーターが中心となり，1年間で，1ヵ月間で，今週1週間で，どんなことを目指していくのかを考え，その児童にどんな指導・支援をするのか計画を立てて指導に当たっていきます。その児童にどんな風に成長してほしいのか，何を目指していくのかを，指導・支援していく全員が共通の思いをもつことが大切です。

　学習支援員やボランティアなど直接支援に入る人とは，短い時間でもいいので直接話をする時間をつくりましょう。勤務時間の関係でなかなか時間が取れない場合は，特別支援教育コーディネーターや管理職の先生にかわりに伝えてもらうとよいでしょう。

　また，次の頁に示すような連絡ノートやファイルをつくり，思いを共通にしてください。そうすることで，効果的な指導・支援につながります。

　低学年のうちはいいですが，学年が上がってくると支援者がべったりとそばにつきそっていることに抵抗を感じる児童もいます。そのような場合は，算数などで練習問題を解くときには，比較的できる児童のグループを担当してもらう機会をつくるなど，「わからない児童にいつもくっついている先生」というイメージをもたせないようにしましょう。

　担任としても，わからない児童にかかわる時間を確保できるよい機会といえます。「このクラスはいつも先生が二人いて，わからないことがあったらすぐに教えてもらえるお得なクラス」という，プラスの感覚をもてるようにすることが大切です。

活動の記録　記録者△△△△

／ ( )	学級・ 教科名	主な活動および支援内容	学習支援者から	学級担任から
○／○ (○) 3時間目	4-1算数	「かけ算の筆算」練習問題○頁「2ケタ×2ケタの計算」 　○○さんは，書くことが苦手なので，マス目用紙に問題を書いたものを準備してあります(□□さんと●●さんにも)。 　九九は，6・7・8の段が苦手です。わからないときには，かけ算九九表を見ながらやっていいことを伝えてください。がんばっていることを認めるような声かけをお願いします。 　今日もよろしくお願いいたします。(担任名)	○○さんですが，問題がマス目用紙に書かれているので，すぐに問題に取りかかることができていました(□□さんと●●さんも安心して取り組めたようです)。 　九九表があるのでわからないときにはすぐに参照して問題を解くことができました。九九表から必要なところを見つけることが速くなったので，かかる時間も短くなってきています。 　「できた」ととても喜んでいました。算数に対する抵抗がなくなってきたように感じます。(△△)	○○さんが，「△△先生に花丸してもらった!」と嬉しそうに話してくれました。かけ算への抵抗が少しずつ減ってきているようです。 　それから◎◎さんに九九表を使うよう自然にうながしてくださり，ありがとうございました。「見ちゃいけない!」とかたくなに拒んでいたのでよかったです。 　次回から図形の学習に入ります。5名ほどコンパスの扱いが困難な児童がいます。コンパスは学校で全員分用意してあります。 　次回もよろしくお願いいたします。(担任名)

ここがポイント　学習支援員との連携

- 学級全体の児童にとって，学習支援員がいることでプラスと感じられるような場所にする（障害のある児童やその他の児童にとっても「お得」な場所にする）
- 学習支援員全員が，その児童・学級にどのような思いでかかわっていくのか，共通理解をもつ

ベテラン先生からのアドバイス

　児童は一人ひとり違っています。中には，学習支援員の支援により，能力を発揮できる児童もいます。教室の中での学習支援員の役割や機能について保護者・児童・学校全体に，あらかじめ伝えることが大切だと考えます。

　私(担任)の場合は，学級だより・学年だより・特別支援教育コーディネーターだよりなどを発行して，学習支援員の活動の様子も伝えています。懇談会や個人面談でも同様です。学校全体(教職員・保護者)に対して，学校がどのようにして児童たちの指導支援に取り組んでいるのか，児童たちの笑顔やがんばりを目に見える写真などとともに，学習支援員による個別支援の成果を伝えていくことで，保護者や地域の方々にも理解してもらえると考えています。

(前田 三枝)

Q&A 編

Q32 教室環境や学習環境として，基本的なユニバーサルデザインをどのように取り入れていけばよいでしょうか。

ユニバーサルデザインをどう導入すればいいのか。

ユニバーサルデザインって何?

ユニバーサルデザインは効果があるらしいよ

何から始めたらいいのだろう?

A 児童の実態を把握し，先生がしっかりと話し合い，共通理解をもって進めていきましょう。

●ユニバーサルデザインとは

　ユニバーサルデザイン(UD)とは「文化・言語・国籍の違い，老若男女といった差異，障害・能力の如何を問わずに利用することができる施設・製品・情報の設計(デザイン)である」(ウキペディア)，「年齢や能力の如何にかかわらず，すべての人が使いやすいように工夫された用具・建造物などのデザイン」(広辞苑)のように説明されています。

　特別支援教育においては，どの児童にもわかるようにという視点で，具体的には「黒板のある前面にはいろいろな掲示物をはらない」「だれにでもわかるような印をつくって，それを表示する」などの対策がいわれています。特別支援教育が進み，こうしたことを学校全体で取り組んでいるところも見受けられます。

　例えば，佐賀県教育センターでは，次のような授業におけるユニバーサルデザインの内容や方法を示しています。

●ユニバーサルデザインは万能ではない

　ユニバーサルデザインを取り入れることで，障害のある児童を含めたすべての児童にとって「わかりやすい」学習が展開できる，ということを否定はしませんが，「万能ではない」ということも意識しておく必要があります。「学校全体で教室前面には余計な掲示物をはらない」としていることは，それはそれで意味がありますが，「自閉症の児

授業における主なユニバーサルデザイン
(どの児童にもわかりやすい授業づくり)

- 授業のねらいを提示している
- 学習の見通しを持たせている
- さまざまな学習活動を設定している
- 落ち着いた学習環境をつくっている
- わかりやすい指示・説明をしている
- 視覚的にわかりやすい情報提示をしている
- わかりやすい板書をしている
- 学習ルールを決め，徹底している
- 操作活動を取り入れている
- 導入の工夫をしている
- 有効な学習形態の工夫をしている

環境の工夫
組立ての工夫
説明の工夫
個人差への配慮

スモールステップ
視覚化
焦点化
共有化

※参考:2014年度佐賀県教育センター特命研究

童は多くの掲示物があると混乱する」のではなく，「多くの掲示物があると混乱する自閉症の児童もいる」と考えるべきです。

また，授業づくりの側面からいうと，児童の特性を受容的，共感的に理解しながら進めていくのがユニバーサルデザインを活用した授業であるといわれています。そのこと自体を否定はしませんが，通常教育のカリキュラムの中で，すべてその視点で授業を計画していくことができうるのか，という点で「万能である」とは考えないほうがよいのではないかと思います。

● **どのように取り入れていくのがよいのか**

「障害のある児童も含めたすべての児童にとって有効なもの」という視点で，それぞれの学校や児童の実態に応じて考えていくことだと思います。「教室前面に余計な掲示物を置かない」にしても，自校の実態に応じて，掲示物をおいてあることで「混乱をきたしているか」「児童が授業に集中できなくなるか」という検討をすることをお勧めします。「そういわれているのでやってみた」ではなく，あくまで実態に即して考えることが必要です。

なぜならば，児童の実態は一人ひとり違うからです。「児童を引きつけるような授業をしていれば，前面に掲示物があろうがなかろうが関係ない」という考えにも一理ありあます。

一方で，学校内でルールを統一したり，ロッカーや机の中の入れ方を共通にしたりすることで，障害のある児童も混乱をおこさなくなったという報告もあります。

大事なのは，自校の児童の実態を把握し，先生がしっかりと話し合い，共通理解をもって実施することだと感じています。

ここがポイント　ユニバーサルデザインの取り組み

- ユニバーサルデザインとは「文化・言語・国籍の違い，老若男女といった差異，障害・能力の如何を問わずに利用することができる施設・製品・情報の設計（デザイン）である」
- 特別支援教育におけるユニバーサルデザインは「障害のある児童も含めてすべての児童がわかりやすいもの」である
- ユニバーサルデザインは万能ではない。自校の児童の実態を見ながら進めていく

ベテラン先生からのアドバイス

ユニバーサルデザインをどう学校に取り込んでいくかと考えたときに，学校によってその方策はさまざま，という認識からスタートする必要があります。現時点では，校長が変わったとたんに全校で取り組むことなる場合もありますし，逆に，そんなことはしないということになることも残念ながらあります。

もちろん公的機関で使用されているユニバーサルデザインは，今後学校にも入ってくるでしょうが，取り組みにあたっては，あくまで現状からスタート，ということが基本になると思います。児童にとってのユニバーサルデザインは，「導入することですべての児童が便利になる」という観点で，まずはそれぞれの学校で，できるところから始めていくことが無理なく進められるやり方ではないでしょうか。

（高橋　浩平）

Q&A編

Q33 障害のある児童を，どのようにしてグループや班の活動にかかわらせていけばよいでしょうか。

グループや班の活動に入れないで困っている。

グループや班の活動になかなか入れない

他の児童と同じことができずに困っている

担任としてできる工夫はなんだろう？

A 障害のある児童がいることを前提に，グループや班活動を見直してみましょう。

●グループや班活動の個別の目標は？

「障害があっても，他の児童と同じことをやらせてほしい」という保護者の思いがある場合があります。さりとて，その場合でも他の児童と同じことをやるには難しいケースもあります。その児童にとって，グループや班活動の個別の目標は何か，ということを明確にしておくことが必要です。

保護者の思いや本人の希望から，「そのグループや班に一緒にいる，移動は一緒にする」などが目標になる場合も当然あります。さらに一歩進めて，「本人ができるプリントを個別に用意して，プリントを行う」など活動自体を一緒に行う，ということも考えられます。

例えば，グループや班で発表をするときに，その児童ができること（文字が読めれば原稿を読む，またパネルを持つとか楽器などを鳴らすなど）をグループや班の発表の中にうまく取り入れて，一緒に行うことが考えられます。その児童にグループや班活動の中で「どういう力をつけさせたいか」「どういう参加のしかたを考えるか」といった観点から，その児童の個別の目標を決めていくことが大切だと考えます。

「とりあえず一緒にいればいい」ということから先に進んでいないケースも往々にして見られます。その児童の実態に応じた，適切な個別の目標を立てていきたいものです。

●逆に，その児童がいることを前提にグループや班の活動を見直してみる

今までの通常学級での教育では，障害のある児童も障害のない児童と同じように活動することが求められてきました。その発想をいったん捨てて，その児童を含めたグループや班活動がどうやったら成立できるだろうか，という視点で考えることも重要です。おそらくインクルーシブ教育の視点で考えれば，これからはそうした発想に立つことが求められます。

一例をあげましょう。「言葉のない児童に発表をさせる」と考えたときに，絵を使う，パネルを使う，あるいはパソコンを使ってパワーポイントで説明するなど，いろいろなことが考えられるでしょう。そう考えると，障害の重い児童にもパソコンをクリックすることはできる，ボタンを押すことはできる，などと着想は広がっていくことでしょう。

　実は，重要なのは具体的なノウハウではなく，「発想の転換」かもしれません。今まで行われてきたものをベースとするのではなく，障害のある児童を含めてその学習活動を行うためにはどうしたらよいのか，という観点を大事にしないといけないのだと思います。

　残念ながら，そのような発想で行っていくには，教育現場にそうした土壌がまだ足りない気もしますが，まずは自分が担任する学級にそうした児童がいるならば，その児童を排除するのではなく，その児童を含めた学習や学級での活動を考えてみる，ということから始めてほしいと思います。

ここがポイント　グループや班の活動

- グループや班活動の個別の目標を明確にしておくことが大事
- 障害のある児童がいることを前提に，グループや班活動を見直す
- 障害のある児童ができることから活動を発想してみる
- 障害のある児童を排除するのではなく，その児童を含めた学習活動の成立を目指す

ベテラン先生からのアドバイス

　障害のある児童にとって，通常学級での教育活動は，こちらが考える以上に大変だと思うことがあります。特別支援学級の担任をしていたときに，よくしゃべる児童を通常学級の話し合い活動に参加させてみたら，一言も発言せずに戻ってきたり，移動教室の事前学習に参加させたら，そのときはいい姿勢でよく聞いていたのですが，そのあと戻ってきて大暴れしたり，ということがありました。能力があっても，「通常学級で学習する緊張感」というのは大きいと感じます。逆にいうと，通常学級の中でそうした緊張感，「いい姿勢をしなくてはいけない」「話をよく聞かないといけない」といったような「〇〇しなくてはいけない」ということを少しでもなくしてみる，やわらげていく，ということがこれから大事になっていくのだと感じています。

（高橋 浩平）

Q&A編

Q34 道徳の授業で多様性を認め合うことや思いやりの大切さについて教えたいのですが，どのような授業を行えばよいでしょうか。

発達障害の児童が「自分勝手だ」と周囲から責められてしまう。

気持ちの切替えが苦手な児童の行動を「自分勝手」と責める

お互いに相手を認めあえる学級にしたい

どのような道徳科の授業をすればいいのかな…

A 心の弱さを自覚した上で，自分の成長につながる行動を考えることが大切です。

　児童一人ひとりが，自己を見つめ，物事を多面的・多角的に考え，自己の生き方についての考えを深める学習を通して，内面的資質としての道徳性を主体的に養っていく時間であることをふまえて，授業を工夫します。また，相互理解や思いやりの大切さについて理解していたり，悪い行いだったと認めることはできたりしても，誠実に行動するのが難しいのはなぜか，その理由を考えてみることも大切です。だれでも自己本位に陥りやすい弱さや，かたよったものの見方や考え方をする弱さがあるということを知ったり，「合理化」という防衛する心のメカニズムを自覚化したり意識化したりすることです。その上で，その弱さは自分の成長にはつながらないという理解につなげていくことが大切です。「正当化する弱さをもった自分が心の中にいるということを自覚する」ことの必要性をふまえながら，道徳科での内容項目の取り扱いについて考えていきます。

　また，複数の教材による指導と関連させて進めたり，当該学年の内容の指導を行った上で他学年段階の内容を加えたりして，重点的に指導する内容として充実をはかっていきます。

　多様性を認め合うことや思いやりの大切さについて考える内容項目は，以下の三つです。

● B主として人との関わりに関すること
(1)「親切，思いやり」

　思いやりとは，相手の気持ちや立場を自分のことに置き換えて推し量り，相手に対してよかれと思う気持ちを相手に向けることです。相手の置かれている状況や困っていること，大変な思いをしていること，悲しい気持ちでいることなどを，自分のこととして想像する役割演技などを通して，相手のことを考える体験的な学習を工夫します。そのとき励まされたり助けてくれたり気にかけてくれたりされると，どのような気持ちになるのかなど，親身になって相手のことを考える行為の意

義を実感できる機会を重ねていきます。

(2)「相互理解，寛容」

人の考えや意見は多様であり，それが豊かな社会をつくる原動力になること，自分とは異なる意見や立場も広い心で受け止めて相手への理解を深めることで，自らを高めていけることについて理解していくことが大切です。そのために，だれでも自分の立場を守るため，相手を一方的に非難したり，自分と異なる意見や立場を受け入れようとしなかったりするなど，自己本位に陥りやすい弱さや至らなさをもっているということを自覚し，内面にある葛藤を体験し考えさせる学習を工夫します。

● **C主として集団や社会との関わりに関すること**
(3)「公正，公平，社会正義」

社会正義は，人として行うべき道筋を社会にあてはめた考え方です。社会正義を実現するためには，真実を見極める社会的な認識能力を高め，思いやりの心などを育むようにすることが基本になります。集団や社会で公正，公平にすることは，かたよったものの見方や考え方を避けるよう努めることです。だれでも自分と異なる感じ方や考え方，多数ではない立場や意見などに対しかたよった見方をしたり，自分よりも弱い存在であることで優越感を抱きたいがためにかたよった接し方をしたりする弱さをもっていることを自覚し，差別や偏見に出会わせ，その不合理性について考えることができるようにします。また，自分の好みで相手に対して不公平な態度で接する態度が，周囲に与える影響を考えさせることも大切です。

ここがポイント　多様性や思いやりを考える道徳科では

- 道徳科は，内面的資質としての道徳性を主体的に養っていく時間であることをふまえる
- 内容項目 B「親切，思いやり」「相互理解，寛容」C「公正，公平，社会正義」を扱う
- 重点的に扱う内容項目として年間指導計画に位置づけ，時数や内容の充実をはかる
- 自分の心のあり方を理解した上で，自分の成長につながる行動を考えられるようにする
- 相手の「困り感」や内面の葛藤などを主体的に考えることができる体験的な学習を工夫する

ベテラン先生からの　アドバイス

相手がだれであっても，自分のことばかりを考えたり，自分の思いだけを主張したりしていては望ましい人間関係を構築することはできません。障害の有無にかかわらず，児童が，だれに対しても多様さを相互に認め合い理解しながら高め合う関係を築くためには，特別な時間だけで考えさせるのではなく，日ごろからの児童一人ひとりのよさや多様性を認める先生の言動が大切です。「多様性を認め合ってほしい」と思っていても，多様性を認めるとはこういうことと具体的に示さなければ伝わりません。また，相手の思いを上手にくみ取って接することができる児童の言動を見逃さず，学級や学年の児童と共有していくことも有効です。場合によっては，道徳的価値について保護者に理解を求めることも必要かもしれません。

（玉野　麻衣）

Q&A 編

Q35 障害のある児童の保護者が将来のことを心配して相談にきましたが，どのようなアドバイスをしたらよいでしょうか。

子どもの将来を心配する保護者へのアドバイスは…

学校とは，日ごろから子どもの情報を共有しているが…

保護者から将来が心配なので面談してほしいといわれた…

保護者からの相談で大切にすることは…

A 本人・保護者の希望を尊重し，実現に向けて考えていくことが大切です。

保護者からの相談は，保護者と一緒にキャリア発達の視点で児童のことを考えていくことができるよい機会です。保護者の不安や心配は，進路のこと，学習のこと，生活のこと，経済的なことと，多岐に渡っているかもしれません。児童の将来に対する不安や心配だけではなく，将来の希望や願いを受け止めながら，一緒に考えていく姿勢が大切です。

●**心配の要因を明らかにする**

対話を重ねながら，どのようなことが心配なのかを一つひとつ整理していきます。漫然とした心配のままでは，いつまでも解消することができません。話をすることで心配の中身が整理されて，心配の要因が明確になっていきます。また，将来のことを考えるときは，将来，子どもにどのような生活を送ってほしいのかという保護者の希望と，何よりも児童本人の将来への希望を尊重することが大切であることを伝えます。そして，本人・保護者の希望や思いを実現するために，今から何ができるのか，具体的な内容を一緒に考えていくことを提案し，将来への心配の解消につなげます。

●**児童が身につけている力・必要な力を明らかにする**

「あれもできないから，これもできないから」という児童の課題にばかり注目して，将来のことが心配になるというケースがあります。児童の姿を「できる・できない」で判断するのではなく，これまで身につけてきた能力や得意分野，興味をもっていること，これから伸びる能力について保護者と共有し，将来，自立して生活する時期から逆算して，どのような支援が必要なのかを考えるよう伝えます。また，学力や成績を気にして不安に思っているケースもあります。しかし，発達障害者を雇用した企業での発達障害者の就労上の課題として，「上司や同僚がいったことが理解できない」「場の空気が読めないために人間関係に支障をきた

す」「自分勝手な行動から周囲から嫌がられる」などがあげられています。学校生活での児童の困難さがそのまま職場での困難さになっている場合もあることがわかります。社会の一員として生活していくためには，学力や作業スキルなどのハードスキルだけではなく，対人行動やコミュニケーションなどのソフトスキルの習得も必要です。

● キャリア発達の視点から見通しを立てる

学校や家庭，地域社会で見える児童の姿を，キャリア発達の視点から整理します。その際，以下のように，キャリア教育で示されている四つの基礎的・汎用的能力を基準にすることを念頭に整理するとわかりやすくなります。

さらに，将来に向けての目標や，目標達成に向けて取り組むべきことを一緒に考えていきます。

基礎的・汎用的能力	例
人間関係形成・社会形成能力	対人行動やコミュニケーション力　など
自己理解・自己管理能力	生活スキルや身辺自立，時間・金銭管理　など
課題対応能力	自分の得意・不得意を知る，余暇を楽しむスキル　など
キャリアプランニング能力	何かに取り組む，役割を果たす　など

これから取り組むべきことについては，児童本人が自己選択・自己決定する機会を設定しながら，なるべく具体的に考えていくことが大切です。そして，ここで確認した内容は，個別の教育支援計画にも盛り込んでいきます。また，充実した余暇を過ごすために必要な情報も提供できるように準備しておきます。

ここがポイント　児童の将来を考える上で大切なこと

- 保護者の心配の要因を一緒に考える
- 本人・保護者の将来への希望を尊重する
- キャリア発達の視点から児童の適応能力を整理する
- 自立する時期から逆算して，必要な支援内容を考える
- 確認した内容は個別の教育支援計画に盛り込む

ベテラン先生からのアドバイス

子どもには，親がいなくなっても生活していける力が必要です。また，得意なことや好きなことがあれば，学校教育段階修了後の充実した社会生活につなげることができます。障害のある児童生徒は，学校教育段階で就労についての具体的な情報提供がないために職種の理解に具体性がなく，就労するために必要なことがわからないまま成長しているともいわれています。

小学校段階では，先生は問題提起することが大切だと思います。適切な就労先で離職することなく充実した時間を過ごすことができるように，発達段階に応じて指導していくことが大切です。生活支援・就労支援が充実していく中で，多くの関係諸機関を上手に活用することで，児童も保護者も社会とつながり続けていけることが重要です。

（玉野 麻衣）

Q&A 編

Q36 障害のある児童が社会的に自立するために，家庭で必要なことを保護者にどう伝えていけばよいでしょうか。

児童の社会自立について話しても，なかなか保護者に聞いてもらえない。

学校の指導だけで，児童の社会的自立を支えるのは難しい

児童が社会的自立をするために，家庭でも指導してほしい

どのように保護者に伝えればいいのかしら

A 保護者の思いを受け止めつつも，本人が必要なことを一緒に考え，保護者に伝えていくことが大事です。

　保護者との連携については，「小・中学校におけるLD（学習障害），ADHD（注意欠陥／多動性障害），高機能自閉症の児童生徒への教育支援体制の整備のためのガイドライン」（文部科学省，2004）で，「保護者との情報交換を通してニーズを把握するとともに，支援の方法などについて保護者に説明し理解を得ます」とされており，「保護者との情報交換」「保護者を含むチームでの話し合い」「保護者への説明」について述べられています。この「保護者との情報交換」の中で保護者の気持ちを受容，共感して受け止めることを心がけて信頼関係を築いていくことが大切である，ということが述べられています。

　保護者と担任との間で，意見や考えの違いがあるのはあたり前のことです。担任は，教育について高い専門性をもっていますが，児童を育ててきた最も身近な理解者は保護者であり，その児童の専門家だということを忘れてはいけません。

　保護者と話す場合，思いを受け止め，共感しながらじっくりと話を聞くことが大切です。保護者が抱えている子どもへの思いや将来への期待・願いをていねいに受け止めて，それを認めることによって，保護者も担任へ徐々に心を開くようになっていきます。

　したがって，担任として，児童にどのような姿になってほしいか，そのためには家庭でどのようなことをしてほしいか，といったことを伝えるときには，担任側の思いや主張を一方的に保護者に押しつけず，まずは，保護者自身が子どもにどのように育っていってほしいかなど，保護者の育児感を聞くことが先になります。保護者の話に共感していく中で，担任としては児童の社会的自立をどのように考えているかを少しずつ話していくことが大切です。

　児童が心身ともに豊かに成長していくためには，「学校」と「家庭」の場，すなわち，学校教育と家

庭教育でそれぞれの専門性を発揮していくことが重要です。そのためには,同じ目的や目標に向かって協力をしていく必要があります。

つまり,家庭と学校との協働が大切ですから,それぞれの場でどのように働きかけていくかなどについて話し合って,共通認識をはかっていかなければなりません。その際に,特に必要になってくることは情報共有であり,学校・家庭のそれぞれの生活の中での成長や課題について密に情報交換し共有を進めます。このように保護者との関係性が築かれていくと,その中で家庭で対応してほしいことも伝えやすくなっていきます。

このような保護者との連携については,一度や二度の話し合いでは,なかなか問題解決にたどり着くことは難しい場合が多いです。継続的に話し

合う場を設定して,情報交換をしつつ,一つずつ目的に向かって協働していくことが大切です。保護者にとっても,担任と情報共有することで,安心感をもち,担任への信頼感が高まってきます。

また,担任だけでは保護者との連携が難しい場合には,特別支援教育コーディネーターと相談して連携の輪に加わってもらい,保護者との関係を築いていくことを検討することも大切です。

ここがポイント　保護者と連携するために

- 保護者の気持ちを受容・共感して,受け止めることを心がける
- 保護者との信頼関係を築き,児童の必要な情報を把握する
- 児童の社会的自立について,保護者と協働して進める
- 特別支援教育コーディネーターも含めた連携協力をはかる

ベテラン先生からのアドバイス

障害のある児童の課題を解決していくためには,学校と家庭の協働が必要であり,保護者との連携がとても大切です。しかし,家庭にもさまざまな状況があるので,保護者の立場や性格などを十分に尊重しなければなりません。また,教育の専門としての立場から,担任の考えを保護者へ主張したくなることもあります。それでもまずは保護者が抱えている思いを笑顔で聞いて共感し,児童について同じように考えていることを示すことで,保護者との連携をはかりましょう。

保護者は不安に思っていることも少なくはないので,少しずつ継続的に話を聞いて信頼関係ができてきたころを見計らって,担任の考えを伝え,学校で取り組むことと家庭で取り組んでほしいことを話していきます。時間はかかりますが,ていねいに保護者との信頼関係を築いていくことが,児童の課題解決には大切なことです。

（新潟大学准教授　渡邉　流理也）

Q&A編

Q37 発達障害のある児童の保護者から，授業中に合理的配慮として録音機器を使用したいとの要望がありました。どのように対応していけばよいでしょうか。

録音機器を先生も児童も負担なく活用したい。

児童の困難な状況を共通理解する

対象となる児童の様子を見立てる

校内委員会で対応について協議する

A 録音機器を必要とする状況と児童の実態の把握をしましょう。

●学習の難しさと「書字」の問題

　書字障害（ディスグラフィア）の様相を示す児童の中には，「書くことが遅い」ことや「聞いたことを正確に書き取ることができない」こと，「促音や拗音などの特殊音節を書きまちがえる」ことなどを特徴とする場合があります。授業場面で日常的にストレスを感じないようにすることは大切ですから，録音機器を活用して，後からゆっくり聞き直してノートや記録を作成することは効果的なことと考えられます。

　しかし，同じ授業をふり返る時間と効率を考えると，ワークシートやプリント類などの詳しい資料を配布するほうが有効かもしれません。このように申し出を受けた方法だけではなく，代替の方法で対応が可能かということも校内委員会で検討し，合意形成に向けた話し合いに望むことが大切です。

●学習の難しさと「聞こえ」の問題

　小・中学校での一斉授業で「聞こえ」の困難さがあると，学習に支障をきたす場合があります。実際，読むこと書くことの難しさで相談に来る児童たちの中に，雑音下での聞き取りにくさの様相を示している場合があります。「聞こえ」の困難さの訴えが児童からなかったとしても，聞こえにくさが学習の難しさの要因になっていないか，確認してみることは大切なことです。

●録音したデータの使用手続きについて

　録音したデータの使用に関する手続きについて，本人・保護者と申し合わせておくことが必要と考えられます。
・どこで使用するのか。
・だれが使用するのか。
・いつ消去するのか。
などです。

　録音の中には他の児童の発言などが入ることがありますので，そうしたことへの配慮が必要となります

合理的配慮の基本的な進め方

1. 本人または保護者からの **相談**
2. 本人側と学校との **話し合い**
3. 配慮する内容の **合意**
4. 合意した配慮の **実施**
5. 配慮について **見直し・改善**

① 本人・保護者から配慮についての相談を学校側へ行う
② 本人・保護者と学校とで，配慮の内容を話し合う
③ お互いに無理のない配慮の方法について合意形成を行う
④ 本人・保護者と学校とで合意した配慮を実施する
⑤ 配慮を実施した後も，定期的に見直しや改善を行う

※ LITALICO『学校での「合理的配慮」ハンドブック 一人ひとりに合った学びのサポートを』ダウンロード版(https://junior.litalico.jp/assets/doc/personality/hattatsu/consideration/handbook.pdf)を参考に相澤が作成

ここがポイント　録音機器などを活用するための基本

- 学校と家庭で困難な状況を共通理解する
- 「書字」と「聞こえ」などを含めた実態の把握をする
- ワークシートやプリント類を提供するなど詳しい配付資料の活用も検討する
- 授業を録音される先生の心理的な側面の負担についても配慮する
- 録音したデータの使用に関する手続きについても，本人・保護者と申し合わせる

ベテラン先生からのアドバイス

「授業中に先生が話すことを必死にメモすることで疲れ切っていた」とか「ノートが中途半端にしか書けず困っていた」といっていた児童が，今は録音機器があることで安心して余裕をもって授業に参加できるようになったと話していました。

私は，録音にはリスクがあることもきちんと知っておくことを話しました。例えば，「録音したから大丈夫と思って聞き返すのを延ばしているうちに，機器を紛失してしまうこともあるからね。紛失すると，中身のデータは個人情報の心配はないのかといったことが問題となることがあるよ。できるだけその日のうちに聞き直して，データを消去するといいね」などといったことです。

また，周囲の児童から貸してほしいといわれたときには，どう対処するのかも本人・保護者・先生の間でしっかり話し合っておきましょう。

（相澤 雅文）

Q&A編

Q38 知的障害のある児童の保護者から，宿題を軽減してほしいという要望がありました。どのように対応すればよいでしょうか。

適正な宿題の量とはどれくらいなのだろうか。

夜，11時までかかりやっと宿題が終わった

保護者会で「もっと宿題を出してほしい」と要求された

みんな一緒といってきた。特別対応をしていいのだろうか？

A 「宿題」についても，個別に必要な配慮を検討する必要があるでしょう。

●学習指導要領と宿題

　2019年に公示された小学校・中学校学習指導要領では，総則の「生きる力を育む各学校の特色ある教育活動の展開（第1章第1の2）」：確かな学力（第1章第1の2の(1)）に，「家庭との連携を図りながら，宿題や予習・復習など家庭での学習課題を適切に課したり，発達の段階に応じた学習計画の立て方や学び方を促したりするなど家庭学習も視野に入れた指導を行う必要」があるとされています。

　特に，発達の段階に応じたという視点が大切になります。宿題は一般に学級全員が同じ内容，同じ分量で出されることが多いものです。宿題の量が多すぎたり難度が高すぎたりすると，児童はその量に圧倒されてしまったり，問題が解けずに混乱してパニックになったりすることがあります。宿題が学習意欲を削ぐ要因になってしまうことがあるのです。

●学校生活を通した児童の見立て

　発達に遅れのある児童が自宅で宿題に取り組むのが難しい理由には，その障害の特徴を含め多様な要因が考えられます。まずは，学校生活の様子や授業の取り組み方などを観察しながら，視覚的な情報処理や聴覚的な情報処理，短期記憶といった認知的側面の状況，感情の表出，意欲といった非認知的側面の状況などから発達の状態や障害の特性などを見立てる必要があります。

　宿題を行うことは重要なことではありますが，基本的に児童の発達の段階を考慮し，ストレスや負担がかからないよう慎重に見極めることが大切となります。場合によっては，周囲の大人が連携し共通理解して宿題を出すようにすることも重要になります。

●発達の段階に応じた宿題を考える

　今回「宿題を軽減してほしい」という申し出があった児童は，知的障害があるとされています。

プリントや問題集などで1頁の問題量が多い場合には、半分にしたり、宿題を二回に分けて行ったりなどの方法もよいでしょう。問題量や内容については、本人の意向を聞いて取り入れていくことも大切です。自ら宿題に取り組むことができれば、本人の自信や達成感にもつながりますし、宿題に対する意識や気持ちも高まるでしょう。

宿題に取り組み始めるのが苦手な場合には、宿題が終わったら「ゲームができる」とか「おかずが一品増える」などのご褒美を用意したり、たくさんほめてあげたりする方法を家庭と協力して行って行くことも考えられます。

また、宿題マニュアルをつくることも一つの方法です。例えば、漢字の書き取りなら「1.国語の教科書を用意する」「2.国語のノートを用意する」「3.練習する頁を開く」「4.お父さんかお母さんに見てもらう」という手順を視覚的に示すことで取り組みやすくなります。

さらに、将来の生活自立を考えた場合、配膳や食器洗い、お風呂掃除など「家庭でのお手伝い」を宿題として設定することを考えてもよいでしょう。机上の学習だけではなく、直接的で具体的な体験を積み重ねていくことがその児童にとって生きた宿題になることがあります。

ここがポイント　宿題の量・内容の基本

- 宿題は家庭学習を定着させることが目的である
- 手伝いなどの実務的な宿題も効果があると考えられる
- 授業と家庭学習の連続性を構築していくことがモチベーションにつながる
- 学年±発達段階に応じた家庭学習の時間を検討する必要がある
- 宿題の量を保護者会の議題として話し合ってみることも必要である

ベテラン先生からのアドバイス

授業のユニバーサルデザイン化が進められる一方で、日々学校から課される「宿題」に悩んでいる児童は少なくない状況があります。私の学校では宿題は学級担任に一任されていて、その内容や頻度、分量などは多様です。

保護者の相談から、宿題が「できない」「わからない」「提出できない」といった児童は、自尊感情の低下につながることを感じています。

児童の学習指導の中心は、いうまでもなく学校の授業です。家庭学習における予習や復習は、学習サイクルを習慣化させ、授業で学習したことを深化させることが本来の目的です。

授業のユニバーサルデザイン化の視点による授業力の向上とともに、「特別扱いはできない」と断られていた宿題に、個別に必要な配慮をどのように位置づけるべきかを検討していく必要があると考えています。

（相澤　雅文）

Q&A編

Q39 発達障害のある児童の保護者から，試験での時間延長とテスト文へのフリガナをしてほしいと要望がありました。どう対応すればよいでしょうか。

「読み書き」の困難を克服して生き生きとした学校生活を送らせたい。

授業時間はいい意見をたくさんいってくれるのに…

いざテストになると実力がまったく発揮できない

本人・保護者と支援のあり方を話し合おう

A 「読み書き」に困難のある児童の「合理的配慮」とともに，他の関係者への説明も必要です。

●「読み書き」の困難さと自尊感情への対応

　ときには児童自身が，「読み書き」の困難があるということに気づいていないことがあります。学級の友だちと比較して，なぜできないのだろうかと自分を責めてしまうことがあるのです。そのため，学習場面では，教科書などの音読や板書の視写が日常的に行われ，その度に自信を失っていくのです。がんばっていることやできるようになったことを認め，自分のよさに気づいて「自尊感情を高める」ことが，まずは大切なことです。

　また，テストの時間延長が行われる場合には，別室で受験することを考える必要があります。保護者から支援の申し入れがあったとしても，児童自身がそうした特別な配慮を受け入れる心の準備ができているかどうかを確認することも大切なことです。

●取り巻く人々への配慮も大切

　もし，別室でテストを受ける状況になった場合には，学校としてはその児童に対しての合理的配慮を実施するだけではなく，他の児童や保護者，教職員に対しても説明して理解を広げていくことも大切な配慮となります。

　また，本人・保護者からの申し出による意思表示がなくても，それぞれの障害特性による困難にいち早く気づいた場合には，先生側から提案していく必要もあることに留意してください。いずれにしても，本人・保護者と十分に話し合うことが大切です。

●個別の教育支援計画などへ記入する

　テストの時間延長や問題文へのフリガナをふるといった「合理的配慮」を実施した場合には，その内容を個別の教育支援計画などに記入しましょう。合理的配慮は継続した提供を保障される必要があります。例えば，中学校に進学した際，中間テストなどで同様の配慮を受ける必要があるのです。引き継ぎの媒体となるものが個別の教育支

援計画などです。

● **受験で特別な配慮を受ける**

中学校入試を受験するといったケースもあることでしょう。受験上の配慮を受けるためには，まず受験先の学校に事前に相談をすることから始まります。

国公立の学校では合理的配慮を行うことは「義務」となっています（ただし，均衡を失したまたは過度の負担を課さない程度のもの）。一方，私立の学校は「努力義務」となっていますので，あらかじめどのような対応が可能なのか確認をすることが必要でしょう。

その後に特別な配慮の申請となりますが，受験上の配慮申請書の他に，診断書および状況報告・意見書の提出を求められることが一般的です。

なお，診断書には，診断名の他に，志願者が希望する受験上の配慮が必要な理由，必要に応じて心理・認知検査や行動評定なども記されているとよいでしょう。

また，状況報告・意見書には，配慮事項を必要とする理由の他に，個別の教育支援計画などを示して，小学校で行ってきた配慮の内容を伝えることが必要です。

ここがポイント　「読み書き」の難しさへの対応の基本

- 本人がどの程度難しさに気づいているのかを確認する
- 本人のプライドを守ることを考え，どこまで何をするのかを話し合う
- 「読み書き」の困難について，教職員の共通理解をはかる研修会を開催する
- 「合理的配慮」を実施した場合は，PDCAサイクルで評価・改善する
- 将来の受験の際に提示できるように，個別の教育支援計画などに記載する

ベテラン先生からの　アドバイス

「読み・書き」は学習において欠かせません。発達障害のある児童の中には，文字の違いがわからない子や，逆さまに文字を覚えてしまう子，画数の多い漢字を読むことや書くことが難しい子などがいます。

「読み書き」の困難がある児童への対応を考える場合，近年ではICTの活用を行うことがあります。例えばDAISY（デイジー：音声読み上げソフト）版デジタル教科書がインターネットサイトからダウンロードできます。

また，パソコン，タブレット用の音声読み上げソフトを活用してもいいかもしれません。テストの際にも，イヤホンなどを使用すれば周囲に影響を与えずにテストを受けることができます。

書くことが難しい児童には，ワープロソフトの活用を試みてもいいかもしれません。国語の時間は書く学習に取り組むけれども，理科や社会ではワープロソフトを活用するというように，教科ごとで対応をかえてもよいと思います。

（相澤 雅文）

Q&A 編

 Q40 障害のある児童の保護者から，授業中に学習支援員を一人つけてほしいと要望がありましたが，どう対応すればよいでしょうか。

本人・保護者からの合理的配慮の要求に，すべて答えることができるかな。

学習上の難しさをそれほど感じないのだが…

保護者が児童に学習支援員をつけてほしいと要求してきた…

どのように対応したらよいだろうか？

 A 合理的配慮の要望については，個別状況を見極めながら判断する。

● **特別支援教育支援員の配置について**

公立学校の先生は，都道府県の予算により配置されています。それに対し，特別支援教育支援員は，市町村の地方財政予算（地方交付金）により配置されます。地方交付金は市町村の財政によりその配分が決められるため，特別支援教育支援員の予算としてどれくらい用意されるのかは，その自治体の裁量にまかされます。したがって，特別支援教育支援員の配置は合理的配慮としてよりは，基礎的環境整備としてとらえることが必要です。

すでに学校に配置されている特別支援教育支援員であれば，学校の裁量で新たな教育的ニーズのある児童生徒に対して合理的配慮としての支援を配分することは可能です。しかし，新たに特別支援教育支援員を配置するとなると，それは学校だけの裁量では決められないことになります。新たに申請する際には，特別支援教育支援員を必要とする具体的な事由（自治体によっては診断書，個別の指導計画，特別支援教育支援員の活用計画などを含める）を示すことが求められます。

● **合理的配慮と「均衡を失したまたは過度の負担」について**

障害のある児童生徒に対する教育を小・中学校などで行う場合には，「合理的配慮」として以下のことが考えられるとされています（文部科学省，2012）。

（ア）教員，支援員などの確保
（イ）施設・設備の整備
（ウ）個別の教育支援計画や個別の指導計画に対応した柔軟な教育課程の編成や教材などの配慮

一方で，「均衡を失したまたは過度の負担を課さないもの」についての考慮事項もあげられています。

・何のために，その合理的配慮を提供するのか。
・必要とされる合理的配慮は何か。

- 何を優先して提供する必要があるか。
- 体制面，財政面から均衡を失した，または過度の負担になっていないか。
- 教育の目的・内容・機能の本質的な変更となっていないか。
- その合理的配慮の内容が，法令違反になっていないか。

などです。

　このように，合理的配慮の決定・提供にあたっては，各学校の設置者および学校が体制面，財政面をも勘案し，均衡を失したまたは過度の負担があるかどうかについて，個別に状況を見極めながら判断することとされています。

　各学校の設置者および学校は，障害のある児童と障害のない児童がともに学ぶ「インクルーシブ教育システム」の構築に向けた取り組みとして，合理的配慮の提供に努める必要があります。一方で，現在必要とされている合理的配慮は何か，何を優先して提供する必要があるかなどについて検討する必要があるとされています。

　検討の結果，理にかなっていなければ，本人・保護者からの要望のあった内容であっても，提供できない場合があります。その際には引き続き，十分な情報提供を行うとともに，その児童に十分な教育を提供する視点から，代替の合理的配慮などについて話し合いを行い，合意形成をはかることが求められています。

ここがポイント　特別支援教育支援員の配置について

- 合理的配慮は理にかなっていないと判断されれば，提供できない場合もある
- 現在必要とされている合理的配慮は何かを検討していくことが必要である
- 何を優先して提供するのかを判断することが求められる場合がある
- 要求された内容が提供できない場合は，情報提供を続けていくことが必要となる
- 代替の合理的配慮を提示し，合意形成をはかっていくことも大切である

ベテラン先生からのアドバイス

　特別支援教育推進の一環として，本校には学習支援員を派遣していただいています。発達障害のある児童には，目に見えにくい日々の困難があるととらえています。学習支援員を派遣することは，そうした児童に対して手厚いサポートにつながっていると感じています。学習支援員は，担任と協力して，児童の生活や学習を支援することになります。

　そのため，児童たちが何に困っているのか，その原因は何か，どのような支援をすればよいのかを見立てる知識と技能の習得が学習支援員には必要と考えています。

　今日，通常学級でも先生が加配されたり，学習支援員が配置されたりして児童の個々の課題に即した指導の必要性からティーム・ティーチングのあり方について検討を重ねる必要を感じています。今後，本校では複数の先生などによる授業構築や支援体制の研究に取り組みたいと考えています。

(相澤 雅文)

Q&A 編

 Q41 保護者から学校での対応が十分でないとの苦情がありました。理解してもらうためにどのように対応したらよいでしょうか。

知的障害のあるBさんへの対応に理解が得られず，保護者と対立しそう。

学校の対応への不満から，保護者と対立してしまいそう

保護者へどのように対応したらいいかしら

必要な対応について保護者に説明し，安心してもらいたい

 A 保護者との信頼関係を築きつつ，現状についての共通理解をはかることが大切です。

　担任が意図して行っている対応でも，「前担任とやり方が違う」「もっとBの面倒を見てほしいのに」など保護者から苦情を受けることがあります。保護者から理解を得るためには，話し合いの土台となる信頼関係の構築が必要です。保護者からの苦情を真摯に受け止め，適切に対応するところから信頼が生まれます。保護者の要望をすべて受け入れることはできなくても，保護者の納得につながるやり取りを以下のように誠実に行っていきます。

●**苦情を受けた状況や内容を管理職に報告・連絡・相談する**

　保護者が，担任に苦情を伝えた後その対応を待たずに管理職や教育委員会に電話をする場合があります。管理職が知らなかったということで信頼を失うことがないように，迅速な報告・連絡・相談が必要です。苦情には学校として対応していきます。

●**詳細な聞き取りを行う**

　連絡帳で苦情を受けた場合は，その日のできるだけ早いうちに電話で話を聞きます。その場合も，また電話で苦情を受けた場合も，できるだけ早く日程の調整を行い保護者との面談を行うことが大切です。保護者からの苦情を大切なこととして受け止めている姿勢を示すとともに，保護者の要望の背景にあるもの，保護者の願う児童の姿を明確にすることが，解決への近道となります。

　面談の際には，

・担任と学年主任，特別支援教育コーディネーター，養護教諭，管理職などの中から，内容や状況に応じてメンバーを構成し，複数人で学校としての対応を行う。

・保護者の訴えを十分に聞き取り，要望していることとその背景を理解する。

・要望について，学校として対応できることとできないことがあることを説明する。

- 具体的な対応については，「校内委員会で再検討してプランを作成して，その後改めて面談を行い一緒に確認する」など今後の見通しを伝える。
- 面談で話し合ったことを記録に残す。

●具体的な対応について検討するとともに，保護者との共通理解を深めていく

保護者との話し合いを受けて，校内委員会で対応についての再検討を行います。専門家のアドバイスを受けたりアセスメントをとったりする場合は，その都度保護者とやり取りをすることで，保護者は進捗状況を知るとともに対応の背景を知ることができます。

並行して，連絡帳などを活用してこれまで以上に学校での様子を伝えながら，できていることをともに喜び，困難について相談し合ってください。そうすることで，Bさんの現状の共通理解を深めつつ保護者の参画意識を高めることができます。

●今後の対応についての確認を行う

保護者と面談を行い，今後の具体的な対応について確認を行います。確認の内容が曖昧にならないように，作成したBさんの個別の教育支援計画や個別の指導計画を一緒に見ながら確認していきましょう。

ここがポイント　苦情を受けたときの対応の基本

- 管理職に報告・連絡・相談し，学校として迅速に対応する
- 保護者の訴えを十分に聞き取り，要望の背景や保護者の願いを理解する
- 進捗状況を細かく伝え，学校がていねいに対応していることが保護者に伝わるようにする
- 個別の教育支援計画や個別の指導計画を文書で用意し，記述に基づいて保護者と確認する
- 学校として対応できることとできないことを明確にして，保護者に伝える

ベテラン先生からの　アドバイス

子育てには悩みや不安がつきものですが，特別な支援が必要な子どもの子育てはなおのことと思います。特に学校での生活は保護者には見えにくく，ちょっとした不安から疑心暗鬼になる場合もあることでしょう。

日ごろから，連絡帳や電話などで学校での様子，家庭での様子を伝え合うなどコミュニケーションをとることが大切です。

学校での対応についても，その背景もその都度伝えていきます。そうすることで，保護者が「ちょっと気になる」と感じたときにも，すぐに質問できるような関係づくりができます。

それでも「苦情」という形で保護者からの発信があったときは，保護者の思いを重く受け止めて対応する必要があります。「学校での対応」が納得できないとの訴えであれば，改めて必要な支援を見直し，担任がかわっても支援の継続ができるように個別の教育支援計画や個別の指導計画を引き継いでいくことをお勧めします。

(前田 真澄)

Q&A 編

Q42 保護者から，授業での個別支援が十分ではないとの授業批判がありました。どう対応していけばよいでしょうか。

今のやり方では知的障害のある児童が授業についていけないと保護者が…

Aさんが理解できるようにするには，どうしたらいいかな

何をどのように，どこから手をつけたらいいのかな

Aさんの個別の指導計画を見直してみよう

A すぐにできる対応と，先を見通した対応が必要です。

　授業参観後に保護者から，「わからないのに放っておかれている」「Aのための工夫がまったく見られない」などの批判を受けることがあります。確かにAさんが「わからない」「できない」状況であることが見て取れます。
　そうした場合，「そもそもAさんの教育の場はここではないのでは？」との話が浮上しがちですが，今回のように保護者の訴えがあったときに話をそこにもっていくことは得策ではありません。保護者の思いを受け止めすぐにできる対応をしながら保護者との連携を深め，先を見通した対応をしていくことが大切です。

●現状を見直す

　すでにAさんに対して行っている個別支援があることと思いますが，それが十分に機能しているか，他にできることはないかを以下の視点で見直しましょう。見直した結果と改善点を保護者と共有し，支援を継続していきます。

・様子を見たり言葉をかけたりしやすい座席にいるか。
・Aさんが学習に集中しやすい環境設定が整っているか。
・理解を助ける教材・教具を活用しているか。
・理解しやすい方法で提示しているか。

　複数の目で授業中のAさんの様子を観察し，改善につなげることが大切です。校内委員会を活用し，学校として対応していきます。

●個別の教育支援計画や個別の指導計画を作成して，計画的で継続した支援を行う

　「Aさんに適した学習の場はここではないのでは」と思いつつ方策を考えていくと，その理由探しに陥ってしまうことがあります。特別支援教育はすべての教育の場で行われるべき教育です。合理的配慮を行うことでそれを実現していくことが必要です。「Aさんが力を発揮するためには何が必要か」「Aさんの力を伸ばしていくにはどうした

らよいか」という視点で考えていきます。

　Aさんに必要な支援を全教員が理解して行い，しかも継続していくには，個別の教育支援計画や個別の指導計画の作成が有効です。改めてAさんのアセスメントを行うことになりますが，その一環として発達検査をすると，Aさんの支援につながる多くの情報が得られ，Aさんの強みを生かした支援が可能になります。

● **現状の支援について評価する**

　個別の教育支援計画や個別の指導計画に基づいて支援をしたら，一定期間を経て評価を行います。有効な支援は継続し有効でなかったものは改善します。支援について評価する中で，今学校で行える支援ではAさんには不十分であることが明確になった場合は，Aさんに合った教育の場について，改めて保護者と相談を行いましょう。

ここがポイント　授業批判を受けたときの対応の基本

- 管理職に報告・連絡・相談し，学校として迅速に対応する
- 保護者の意見を真摯に受け止め，現在行われている授業について複数の目で検証し，改善を行う
- 改めて計画を作成し，計画に基づいた指導および支援を行う
- 計画に基づいた評価を行い，有効な指導および支援の実施・継続をはかる
- 学校として対応できることとできないことを明確にして，保護者に伝える

ベテラン先生からのアドバイス

　授業批判を受けることは先生にとって辛いことですが，見直しの機会を得たと前向きにとらえましょう。一斉指導を行って学級全体を見ている担任にとって，特に今回のようにAさんにとっての支援の有効性の検証は，日常的に行うことには困難があります。校内委員会を活用して定期的に行えるのが理想ですが，気になる児童がどこの学級にもいる現状ではなかなか難しいものがあります。

　また，このケースは保護者の訴えから個別支援に焦点が当てられていますが，問題となっていることは，「Aさんが授業の内容を理解できていない」ということです。どの学級にも支援の必要な児童が複数いることが予想される中，その一人ひとりに対する十分な個別支援を用意することは負担が大きく難しいものです。どの児童にもわかる授業を目指したユニバーサルデザインの授業づくりに取り組むことも方法の一つです。

（前田 真澄）

> Q&A編

Q43 障害があると思われる児童の保護者に医学的な診断を受けるように勧めたら，拒否されました。どう対応すればよいでしょうか。

保護者に対してどのようなアプローチをすればよいのだろう？

一回，お医者さんにみてもらいませんか？

「けっこうです」と保護者に拒否された…

どうアプローチすればよかったのだろう？

A 保護者との信頼関係をつくり，保護者に寄り添って相談していくことが大切です。

● どれだけ保護者から信頼されているか？

いきなり担任の先生から「お医者さんに行ってみてもらったらどうですか」といわれたときに，動揺したり混乱したり，あるいは拒否的になったりすることは往々にしてあります。それは当然といえば当然で，まずはそのように話をしても受け止めてもらえるだけの信頼関係が保護者とできているか，という点が大切です。担任したてのときは，まずは信頼感を育てることが重要です。

● まずは児童の姿を共有するところから始める

まずは，児童の実態や実情を保護者と共有するところから始めましょう。このときに「児童のここが困っている」という話をするのではなく，客観的に事実を伝えましょう。先生の「困り感」ではなく，児童の「困り感」に共感して，伝えることが大切です。

例えば「〇〇くんは，机に座っていられないんですよね」と話すのではなく，「〇〇くんは，授業中興味や関心が他に向いてしまうことがあります。その結果，席を立って興味のあるほうへ行ってしまったり，授業とは関係のないことを発言してしまったりします」と，ていねいに伝えることがポイントです。

保護者はどうしても「わが子が先生に注意されている，しかられている」という思いで担任との話に臨むことが多いです。ですから，結果として児童を非難するという感じにならないように，注意して話すことが必要でしょう。

● 保護者の困り感にも寄り添う

学校での様子を伝えたら，今度は家庭で何か困っていることがないかどうかたずねてみましょう。「実は家でも落ち着きがなくて困っています」「いったんこだわるとなかなか一緒の行動がとれないんです」といった困り感を保護者が話してくれたら，まず「それはお母さん大変でしたね」と共感しながら，保護者の困り感に寄り添って話を進め

ることが大切です。
　一方，「家庭では何の問題もありません」「家では困っていません」という返事が返ってくる場合もあります。防衛的にそうした発言になることもあるし，実際に家庭では特に問題がない，といったケースもあります。そのときはひとまず保護者の発言を受け止め，深追いしないことです。

●第三者を入れていく
　次に「客観的に本人を見てもらえる人を入れていきませんか」という提案をします。スクールカウンセラーのときもあるし，教育相談の担当の先生，あるいは教育相談センターといった公的な機関に入ってもらう場合もあります。

●保護者の思いを大切にすること
　今まで述べてきたことは個人差がありますが，すぐにできることではありません。保護者の思いを大切にしながら，共感しつつ，話し合いの流れの中でこちらの提案を受け止めてもらえるように進めます。ある程度の時間はかかると思ってください。

ここがポイント　医療的な相談につなぐ

- まずは保護者との信頼関係をつくることが鍵
- 児童の状況を保護者と共有するところ始める
- 保護者の困り感にも寄り添いながら話を進める
- 第三者（スクールカウンセラー，教育相談担当者など）を入れていく

ベテラン先生からのアドバイス

　先生は医者ではありません。ですから「おたくのお子さんはADHDですね」といった断定的な口調は厳に慎むべきだと思います。診断は医者がするもので，その診断を基に公的な障害者手帳などを取得して，障害者が受けることのできる公的なサービスを受けることができます。サービスを受けられる反面，法的に「障害者」と認定されてしまう，という複雑な思いを持たれる保護者も少なからずいます。医療的な相談は「気楽に相談できる」とはいかない雰囲気がまだまだあります。ですから，安易に「お医者さんに行かれたらどうですか」とは，いわないほうがいいでしょう。ある程度の信頼が得られ，保護者から「お医者さんに行ったほうがいいでしょうか？」といわれて初めて勧める，くらいの感覚でいたほうがいいと思います。

（高橋　浩平）

Q&A 編

Q44 障害のある児童の保護者から，学級の保護者全員に自分の子どもの障害を理解してほしいと頼まれました。どう対応すればよいでしょうか。

保護者から「他の保護者に説明してほしい」といわれた…。

先生，うちの子の障害について他の保護者に説明してほしい

こういう方向で進めていきましょう

Aくんを見守ってあげてください…

A 保護者と確認しながら一緒に進めていくことが大切です。

● 保護者は，周囲に理解してもらいたいと思っている

保護者から「自分の子どもの障害を理解しておいてほしい」という申し出があったときに，これをしっかりと受け止め，まずは「一緒に考えていきましょう」というところからスタートします。この保護者は「障害に対しての受容」ができていると思いますので，「こうしていきましょう」という提案を受け入れて，一緒に進めていくことは可能だと考えます。

● 保護者会の折に話してもらう

保護者会のときに，他の保護者に話してもらうことが理解につながります。保護者によっては，「自分から話すのはどうも…」という人もいますので，どんな話をしていくかを一緒に考えていきましょう。

例えば，「うちの子は〇〇という障害があり，集中して取り組むことが難しいことが多いです。先生方にもお伝えしてありますが，同じ学級の保護者のみなさんにも知っておいてもらいたいと思い，お話をしました」というように話してもらいます。

● 担任としてフォローをする

そのときに，保護者だけに話をさせるのではなく，担任がそれを引き取って「学校ではこういう取り組みをしています」「まわりの児童たちとの関係は今こうなっています」と，他の保護者に学級の状況を知らせます。「学校はちゃんとやってくれているんだ」「対応しているんだ」という安心感を持たせることが大切です。もちろん，話してくれた当事者の保護者に対しての感謝の言葉も忘れないようにしましょう。

● 担任として児童に説明する

保護者会が年度のスタートにない場合や，保護者会という機会を待っていられない場合もあります。その場合は，担任が他の児童たちに説明する必要があります。このときには，以下の点に配

慮しましょう。

①「障害」ということを前面に出すのではなく，児童の実態と理解してほしいことを伝える。

「Aくんは〇〇という障害です」といってしまうのは，よくありません。「Aくんは気持ちが落ち着かなくなると，席から立って歩いて落ち着かせることがあります。だから，Aくんが席を立ってもいきなり注意したりせずに，見守ってあげてください」というように，まわりの児童たちにわかるように説明していきましょう。

②だれでも配慮が必要になったら話をすることを伝える。

「Aくんは特別なんだ，僕らとは別なんだ」と他の児童たちに思わせないようにするために，「他の人でも，そうしたこと（配慮）が必要なときは話をするよ」と伝えて，これは決して特別なことではない，というメッセージを児童たちに説明しておくことが必要です。

③保護者に事前に説明して理解を得る。

児童たちに話をする前に，内容を書き出して，その内容を当事者の保護者に見てもらいましょう。「こういう内容で児童たちに説明をしようと思うのですが，いかがですか」と。一緒に進めることが何より大切です。

ここがポイント　障害の理解

- 保護者は周囲に子どものことを理解をしてもらいたいと思っている
- 保護者会で保護者本人から話をしてもらう。担任としてのフォローも忘れない
- 児童たちに説明するときの注意
    - ①「障害」を前面に出すのではなく，児童の実態と理解してほしいことを伝える
    - ②だれでも配慮が必要になったら話をすることを伝える
    - ③保護者に事前に説明して理解を得る

ベテラン先生からのアドバイス

障害の理解ということは，学校でも「障害理解教育」という形で取り組まれていることが多いと思いますが，そうした取り組みをしても，児童たちの理解や受け止め方には個人差があります。むしろ，その個人差があることを前提に，くり返しそうした学習やメッセージを送る必要があるでしょう。保護者が「わが子の障害について他の児童たちに説明をしてほしい」といってきたら，保護者の意向に沿ってただ話す，伝える，というやり方ではなくて，より身近なところで考える「障害理解教育」だという大きな視点から対応してもらえたら，と思います。「障害がある」→「かわいそう」→「助けてあげなきゃ」，「障害がある」→「でも治らないからしかたがない」だけに終わらせず，児童たちがより深く考えられるようにすべきでしょう。

（高橋 浩平）

Q&A編

Q45 障害のある児童の保護者から，子どもの障害のことは絶対にみんなにいわないでほしいと要望がありました。どう対応すればよいでしょうか。

「障害のことは絶対にいわないで」と保護者にいわれた…。

先生，うちの子の障害のことは絶対にいわないでください

お気持ちはわかりました

そろそろ学級全体へ説明したほうがいいかな…

A 保護者の気持ちをまずは受け止めましょう。

●保護者の気持ちを受け止める

　これまで，保護者は「障害がある」ということでさまざまな困難やトラブルを経験してきているのかもしれません。また，家庭や親族の中で「障害がある」ことを受け止めてもらえていない場合もありますし，「障害」の診断がない場合もあります。保護者がどんな状況の中でどんな思いで，「絶対にみんなにいわないでほしい」といっているのかを理解することが大切です。

　少なくとも担任は，保護者がそういってきてくれたことに，まずは感謝しなければいけません。「保護者の方のお気持ちはわかりました。学校としてはそうしていきます」というところがスタートになっていくでしょう。

●障害の程度によって対応時期が異なる

　発達障害，知的障害なども程度によって状況が違ってきます。一見すると特に問題なく見える児童から，明らかに周囲に比べて違う行動や発言をくり返す児童まで状況はさまざまです。

　したがって，その状況にもよりますが，学校生活を送る中で，周囲の児童たちが「なんか違うんじゃないか」と思い始めたら，何らかの説明が必要になると思ってください。このときにQ44でも示したように，「保護者と確認しながら一緒に対策を進めていくこと」が大切です。

　そして，学級への説明では「障害」という言葉を使わず，その児童の「困り感」を伝え，理解してもらうことを念頭に置きましょう。そのときに，その児童が「特別視される」ことも，できるだけ避けなければなりません。

　他方，高学年になると周囲の児童の理解も進み，「Aくんは自閉症じゃないか」「BくんはADHDだよ」という話をし始める場合もあります。

　これは児童たちから出てくることもありますが，多くは保護者から「あの子は自閉症よ」「Bちゃんは ADHDね」といっている話を耳にしており，それを

いってしまうケースも多いです。

こういう状況のときには，「正しい障害の理解」を進める必要があります。当事者の保護者と相談しながら，どういう説明をしていくことがいいのかを考えて，説明していかないといけません。

●基本は学級経営

「正しい障害の理解」と一口にいっても，それは簡単なことではありません。基本になるのは担任としての学級経営だと思いますから，以下の点を確認しましょう。

・学級の一人ひとりが大切にされているか。
・多様性を尊重する風土があるか（Aさんの意見もBさんの意見も大事にされる）。
・人権を尊重できる学級になっているか。「障害」があっても可能な限り「合理的配慮」をしなければならない（「障害者差別解消法」）ことを考えれば，これからの学級経営の中に障害に対応した配慮・指導を行うことは必須になってきていると考えます。

担任としては学級経営をしっかりと進めた上で，当事者の保護者と相談をしつつ，保護者・本人にとってよりよい対応をしていくべきだと考えます。

ここがポイント　障害への配慮

● 保護者の気持ちをまずは受け止める

● 障害の程度によって対応を考える

● 基本は学級経営

　①学級の一人ひとりが大切にされているか

　②多様性を尊重する風土があるか

　③人権を尊重できる学級になっているか

ベテラン先生からの　アドバイス

保護者から「障害のことをいわないでほしい」といわれたら，そこには，いろいろと複雑な思いがあるのだと，まず受け止めることが必要です。親戚や祖父母との関係，あるいは夫（妻）との関係から秘密にしている，というケースはけっこうあります。保護者自身が抱えているストレスがあるとみていいでしょう。ただし，「うちの子どもには障害はありません」と主張されるケースと比べて，「障害」について保護者自身は大なり小なり受け止めているということでしょうから，先生側が保護者の思いを受け止め，共感して話をすることで，徐々にいろいろと話してくれる，ということが多いです。「この先生なら話をしてもいいかな」と保護者が思ってくれなければ，まず話は聞けないと思ってください。配慮と努力が肝心です。

（高橋　浩平）

Q&A編

Q46 障害のある児童の保護者から，子どもを特別扱いしないでほしいとの要望がありました。どのように対応すればよいでしょうか。

「特別扱いしないで」という要求をどう受け止めたらいいの。

うちの子を特別扱いしないでください

みんなと同じようには学習できないな…

どうしていけばいいの？

A 「特別扱い」の意味を改めて考えてみましょう。

●「特別扱いしないで」の意味

　保護者が「特別扱いしないでほしい」といってくるときには，「私の子どもは特別なんかじゃない」という思いが強いことが多いです。その中には障害そのものを否定したり，そのうちよくなると信じていたり，といったケースもあります。明らかに障害があるとわかるケース（例えばダウン症など）の場合は，保育園や幼稚園などで他の子どもと同じようにやってきた，という体験を基に要望している場合もあります。

　先生は，保護者にどれだけ障害に対しての受容や理解があるのか，保護者の思いはどこにあるのか，ということをしっかりと把握することが必要になってきます。それによって対応も違ってくると，まずは考えてください。

●本人の「困り感」はどうか

　障害も，程度によって対応がさまざまであることは事実です。学校生活を送るうえで本人の困り感がどこまであるのか，をまず見てみる必要があります。何も支援しなくても，とりあえず学校に楽しく通い身辺的な事柄は一人でできている，あるいは，まわりの児童たちが助けてくれるというケースは，「特別扱いしなくてもいい」と考えます。

　逆に，特別扱いをしなくてはいけなくなるのは，本人の困り感が出てきたときです。「学習についていけない」，「授業がよくわからない」，「他の児童とうまくやっていけず，すぐにトラブルになる」といったことは，障害がなくても出てくることです。この場合，担任は「個別的対応」をします。

　ですから，特別扱いするのではなく，「必要な個別的対応をしていく」と考えるべきです。そうした考え方を保護者にも理解をしてもらうことが大事です。

●そもそも「特別扱い」とは

　学校文化の中で，特別扱いはそもそも「悪いこと」として扱われてきました。「お宅のお子さんだ

け特別扱いできない」、そう担任にいわれた保護者もいることでしょう。

しかし、これからは積極的に特別扱いすることが学校でも必要になってきます。なかなかすぐに変われないところもありますが、先ほど述べたように「必要な個別的対応」と考えれば、インクルーシブ教育の観点からは「当然行わなければいけないこと」であるはずです。その点から考えると、課題はむしろ保護者というより学校現場にあるともいえましょう。

● 保護者にきちんと説明して同意を得る

保護者にどう説明していくとよいのでしょうか。端的にいえば「特別扱いは特別なことではない」と理解してもらうことです。「こうした配慮をこのように進める」と具体的に説明して、保護者に同意を得ることです。個別の指導計画などに記載して、共通理解をはかることもよいでしょう。「目の悪い人はめがねを使用する」という感覚と同じように、「特別扱い⇒個別的対応」という考え方を受け止めてもらえることが何より重要だと考えています。

ここがポイント 「特別扱い」を拒否する保護者への対応

- 「特別扱いしないで」→「私の子どもは特別なんかじゃない」という思いを把握する
- 本人の困り感から対応を考える
- 「特別扱い⇒個別的対応」と考えるべきである
- 保護者にきちんと説明して同意を得る
  「こうした配慮をこのように進める」といった具体的な説明をする

ベテラン先生からのアドバイス

通常学級に在籍していた障害のある児童の保護者が「特別扱いしないでほしい」と話してきて、そのように対応していたら、本人はわからないこと・できないことが増えていって、結局特別支援学級に転学していった、というケースがありました。

保護者の「特別扱いしないで」という気持ちはわからないではないですが、学校は何よりも本人にとって過ごしやすい、学習しやすい、生活しやすい場にすることを大切にしたいと思います。

これからは、通常学級において「特別扱い」をより積極的に行う必要があります。特別扱いという言葉を使うと、どうしても抵抗感を感じる先生も多いでしょうから、「個別的対応」「個別の配慮」「その児童に応じた対応」などといういい方をするのがお勧めです。

(高橋 浩平)

Q&A編

Q47 障害のある児童の保護者から，子どもの障害のことを他の児童に話をさせてほしいと要望がありました。どのように対応すればよいでしょうか。

「自分の子どもの障害について話をしたい」と保護者にいわれた。

他の児童たちに，障害の話をしたい

どう対応すればいいのかな？

まずは，お話を聞かてください

A まずは「保護者の思い」がどこにあるのか，ていねいに聞き取りましょう。

●まずは保護者の思いを聞く

保護者から「他の児童に話をしたい」との申し出があったら，どうしてそう思ったのか「保護者の思い」を聞き取るところから始めましょう。場合によっては，担任の知らないところでいじめがあり，そのことを直接当事者に訴えたいというケースや，まわりの児童たちに手伝ってもらいたい，支援者としてかかわってほしいという思いを直接話したい，というケースもあります。

まずは，保護者の思いをていねいに聞き取ったうえで，前掲のケースでは，例えば①いじめがあれば学校側でしっかり対応する，②児童たちの支援はあくまでも自発的なものであって，係活動や義務として行うものではない，ということを説明する必要があるでしょう。

またQ44の事例のように，保護者が障害に対する受容をしており，積極的に理解を深めてもらいたいという趣旨による要請であれば，学級での学習や学級経営の必要性から，そのような機会をもつこともありうるでしょう。

このときに，他の保護者の理解を得られるようにしておくことが必要です。具体的には「その保護者が説明したいといったから」ではなくて，「担任として障害理解のために保護者に話をしてもらった」という形をとることです。前者のような説明をしてしまうと，「保護者が児童にいいたいことがあればいっていいんだ」という誤解を他の保護者に与える可能性があります。あくまでも主体は担任である，という説明が大切です。

●障害の理解には発達差・個人差がある

障害の理解については，発達差や個人差があるということはふまえておく必要があります。ですから，話す相手によって説明を変えていく必要があります。

一例をあげましょう。

「障害」を説明するときに，小学校低学年では「病

気のようなもの」といったほうが理解しやすい場合があります。「車椅子に乗っている人」といったように，具体的なイメージで話すほうがわかりやすい場合もあります。発達障害のある有名人の話をすることもあります。どのような説明をするにしても，「人権に配慮した説明になっているか」ということは確認しておくことが重要です。

保護者からまわりの児童に説明をしてほしいといわれて，「Aちゃんは自閉症という障害があります。コミュニケーションがとれないので，まわりで見守ってあげてください」と説明したとしたらどうでしょうか。これは明らかに人権問題となります。障害については，こうしたナイーブな面もあるということを忘れないでほしいと思います。

そのため，保護者と意見交換をし，どういう説明がよいのかを考えていく必要があります。同じ学年を組んでいる同僚や他の先生とも相談するべきでしょう。また，こうしたことは一つ間違えるとトラブルになることも多いので，事前に管理職にも相談し，了解をとっておくことをお勧めします。

ここがポイント　児童への障害の説明

- 保護者の思いをていねいに聞き取る
- 障害の理解には発達差・個人差がある
  どのような説明をしていくのかは，保護者とよく相談する
- 事前に管理職に相談し，了解をとる

ベテラン先生からのアドバイス

このケースに関していえば，保護者が要請してくるまでに，どれだけその保護者と話をして信頼関係を築けたか，によって対応は違ってきます。信頼関係がないのに突然いわれたら，背景になんらかの問題や課題があると考えたほうがよいでしょう。

逆に，ある程度の信頼関係がある中でいわれたら，「障害に対しての理解を進めたい」という気持ちから出た要望かもしれませんので，保護者と一緒に考えながら進めていくといいでしょう。

なお，保護者どうしの関係や地域のかかわりなどから要望が出てくることも予想されます。先生は日ごろから常にアンテナをはり，PTAの学級代表の保護者，地域クラブチームの指導者，児童館の職員などから，できるだけ必要な情報を得ておくことです。

(高橋 浩平)

Q&A 編

Q48 障害のある児童の保護者から，担任に対して授業や集団づくりへの配慮がないと苦情がありました。どのように対応すればよいでしょうか。

保護者から「障害に対して配慮がない」と苦情がきた…。

担任の先生は，配慮がないんです

お母さん，お話を聞かせてください

保護者から苦情がきたんだけど，担任の思いは？

A 実態を把握して，できることはすぐにやりましょう。

●実態を把握する

　これは，この事例に限らず苦情対応の基本ですが，まずは意見をいってくれたこと，知らせてくれたことについて感謝を述べます。そのうえで，具体的にどういうことがあったのか，どういう場面で担任の配慮がないと思ったのかをできるかぎり詳しく聞き取ります。

　その上で，「学校でも事実関係を把握してお返事します」と伝えます。苦情があったときに，相手は感情的になっていることが多いので，反論はせず，まずは相手の意見をしっかり聞き取りましょう。このときに押さえておきたいことは，相手の意見に同調するのではなく，聞き取るという姿勢で対応することです。

　具体例をあげましょう。

　「担任の〇〇先生はこんな行動をしたんですよ。これは間違っていると思うのですが，△△先生はどう思われますか？」と聞かれて，「そうですね。そう思います」などと肯定しないことです。

　肯定してしまうと△△先生は「そういった」という話になり，よりこじれる原因をつくってしまうことになりかねません。「そうですか。お母さんがそう思っていらっしゃることはよくわかりました。こちらでも確認してみます」というように，相手の意見を受け止めつつ，同調（同意）はしない，ということが大切です。

●担任の思いも聞き取る

　担任に対して，「どうなっているんだ」という否定的な態度から入るのではなく，あくまで客観的に状況を把握するという姿勢が必要です。担任にもいい分がある場合があります。担任からも公正に聞く必要があります。

●できることとできないことを分けて考える

　学校現場では，できる配慮とどうしてもできない配慮があります。もちろんインクルーシブ教育の考え方からすれば最大限，必要な配慮は行わな

ければなりませんが，「人を一人つけてほしい」という保護者からの要望にすぐ応えられる学校は稀でしょう。一方で，要望は教育委員会など関係者にきちんと伝えるとともに，今できることとできないことは分けて対策を考える必要があります。

●できることはすぐに行う

例えば，授業に集中できないから座席は前にしてほしい，といった要望はすぐにでもできます。できることはすぐに行うことです。そして，行ったことをすぐに保護者に知らせることです。保護者からすれば，「自分が話をしたら，学校はすぐに対応してくれた」とプラスの評価になることが多いです。たとえ同じことをしたとしても，時間がたってからの対応では，保護者の受け取り方は全然違ってくると思ってください。

●保護者が誤解している場合

実態を把握する中で，保護者に誤解が生じていると思われる場合もあります。「グループに入れずに児童が一人で活動していた」ではなく，「一人で活動したいと本人が申し出たのでそうした」ようなケースです。この場合は，保護者にていねいに説明することで誤解を解いてもらうことです。

ここがポイント　保護者の苦情への対応

- まずは実態を把握する。保護者からだけでなく担任の思いも聞き取る
- できること（配慮）とできないこと（配慮）を分けて考える
- できることはすぐに行い，保護者からの信頼につなげる

ベテラン先生からのアドバイス

特別支援教育が始まる前には，「障害のある児童の教育は通常学級ではなく，特別支援学校・学級で行う」という考え方が主流でした。残念ながら現在でもそうした主張をされる方がいます。インクルーシブ教育の潮流を考えれば，「障害があっても通常学級で学習できるように進めていく」ということが大切です。

それは，単に通常学級に在籍していればよいということではなく，障害の特性に応じた必要な支援や合理的配慮が当然なければなりません。障害者の権利条約（2014年批准），障害者基本法（2011年改正），障害者差別解消法（2016年施行）が示す実践の方向性は，「通常学級であっても支援を工夫し障害のある児童の教育保障をしていく」ということです。教育関係者は一層の努力を求められているといっていいでしょう。

（高橋 浩平）

Q&A編

Q49 「個別の教育支援計画」や「個別の指導計画」を，保護者とどのように共有していけばよいでしょうか。

保護者に「個別の教育支援／指導計画」の必要性をうまく説明できない。

「個別の教育支援／指導計画」を作成して，支援を進めたい

保護者に，計画をうまく説明できるかな？

どのように説明すれば，共有していけるか…

A すべての保護者に広く理解を得ることと，計画・評価の「見える化」を進めることが大切です。

「個別の教育支援計画」や「個別の指導計画」を保護者と共有していくためには，特別支援教育や障害のある児童支援の充実を学校が組織的に進めていくことについて，まずすべての保護者に広く理解を得る必要があります。入学説明会や保護者会などの機会に，公平な教育環境整備を進めていくこと，必要に応じて個別の教育支援計画や個別の指導計画を作成して支援を進めていくこと，保護者の協力を学校が積極的に求めることなどを説明して理解を求め，計画策定の基盤をつくります。

保護者への説明は文書で行うと効果的です。さらに相談窓口などを明示して，相談しやすい「開かれた学校」という印象を創り出すことも検討しましょう。

その上で保護者，教職員，関係者がいずれも対象児童の支援者であるという立場から，計画の策定・実施・評価・改善のすべての過程を連携して進めていきます。特に個別の教育支援計画は，現在や将来の生活への希望など一人ひとりのニーズを対象児童や保護者（代弁）から聞いて策定するので，保護者は計画の方向性に関する情報を有するステークホルダー（利害関係者）となります。そのため，日常的なコミュニケーションを通して保護者と情報共有に努める必要があります。

個別の教育支援計画や個別の指導計画を保護者と共有する際のポイントとして，これまでの計画策定・活用事例から次の点があげられます。

・連絡帳や学級だよりなどの複数の紙媒体により対象児童の成長・発達や学級での様子など複合的な情報を共有し，個別の教育支援計画などの評価を行う。
・個別の教育支援計画などに基づく支援プロセス（過程）は，画像・動画記録などを活用して保護者に「見える」かたちで示して評価を得る。
・対象児童の成長・発達や姿は不安定さが生じや

すいため，学校からの継続的な情報提供を通して，中・長期的な視点で評価することを保護者に説明して理解を求める。
・評価の際には，児童本人や保護者と成長・発達の喜びを共有するため，発達段階に応じた課題における達成記録を併せて作成し，ポジティブな評価の蓄積を「見える化」する仕組みを創造する。
・個別の教育支援計画などは紙だけでなく電子媒体でも策定し，対象児童や保護者を支援する福祉・保険・医療・労働などの関係機関との連携をスムーズにするツールとして活用する。
・主に計画策定に携わる担任や特別支援教育コーディネーターのみならず，全教職員が目的・目標や重点的な支援項目を理解し，縦割り活動などを通して対象児童に関する情報収集に努め，組織的な評価や保護者へ複数のアプローチから情報提供できる学校組織体制を整える。

　以上のように，学校内での児童の姿や支援が見えにくい保護者に対し，紙媒体や画像・動画記録を活用しながら「見える化」を進め，情報の共有化をはかることが重要です。

ここがポイント　指導計画を基に具体的な支援の内容を保護者と共有する

- 個別の教育支援計画や個別の指導計画は対象児童とその保護者だけでなく，広く保護者に周知して理解を求める
- 計画策定の前に，ていねいな説明を行える体制を整える
- 保護者との日常的な情報共有を行う
- 支援プロセスの「見える化」をはかっていく
- 担任や特別支援教育コーディネーターだけではなく，教職員全員で取り組む

ベテラン先生からのアドバイス

　保護者や家庭の状況によっては，計画（情報）の共有が困難な場合もあります。保護者の仕事，他の子どもの育児や親の介護などで時間や精神的な余裕がない状況も考えられます。このような場合は，まず保護者の負担や不安感・緊張感を考慮し，共感的なカウンセリング・マインドに基づく信頼関係の構築を優先して行いましょう。

　また，障害受容の段階によっては，計画の共有が困難な場合もあります。この場合は，計画の共有の前に保護者の「思い」や「要望」を傾聴し，養育歴などをていねいに聞き出す中で，協働できる支援を見つけ出し，支援の方向性を共有できる状況をつくり出していくことが先決です。このような場合，担任や特別支援教育コーディネーターだけで支援を行うことには限界があります。管理職，教務主任，生活指導主任，学年主任，養護教諭，スクールカウンセラー，スクールソーシャルワーカーなども適宜保護者対応に加わり，学校全体で保護者をサポートしていく環境を整備していく姿勢を示して信頼関係を形成しましょう。

（山梨県立大学准教授　田中　謙）

Q&A編

Q50 「個別の教育支援計画」や「個別の指導計画」を医療機関と，どのように共有していけばよいでしょうか。

> 学校での個別支援の内容や方法に医療機関からの助言がほしい…。

対象児童は医療機関でも支援を受けている

医学用語を説明されても，まるでわからない…

どうすれば計画を策定・共有できるだろうか…

A 医療機関を含む関係機関と支援会議によるシステム構築が必要です。

　児童は小学校入学までの生活の中で，複数の関係者・関係機関から支援を受けている事例が多いといえます。そこで，小学校ではそれまでの保育所，幼稚園，認定こども園や療育機関，保健機関，医療機関などでの支援のコンテクスト（支援キャリア）を整理し，小学校生活の支援にも生かせるように配慮することが必要です。その上で小学校生活での主な関係者・関係機関と連携して，「個別の教育支援計画」を策定していきます。

　それまでの支援キャリアや，新たに個別の教育支援計画策定に携わる関係者・関係機関を整理し，ステークホルダー（利害関係者）を確認して関係機関の間で支援体制を構築していくためには，「支援マップ」（図参照）を作成することが有効です。

　児童を支援するための個別の教育支援計画策定を進める関係機関の間の協議の場が「支援会議」です。支援会議では関係機関の間で対象児童の支援状況を報告し合い，共通理解をはかりなが

支援マップ　　　○支援機関　　□支援会議参加機関

ら支援目的・目標を定め，支援の方向性を統一させ，支援内容，役割分担，継続協議の場の設定，評価についての合意点をはかります。

　支援会議で議論するための個別の教育支援計画案は，事前に学校が保護者と協議の上作成します。ただし，就学前期の支援機関からも情報を収集すること，また対象児童の健康状態によっては，事前に特別支援教育コーディネーターを通して関係機関に当該部の案の作成を依頼し，共同で計

画を作成することも必要になります。

　支援会議のマネジメント（経営・運営）は主に特別支援教育コーディネーターが担い，年間の開催計画（回数・時期・方法）や参加者を保護者と相談して決定していきます。会議マネジメントのポイントは次の点があげられます。

- Face to Faceの会議は年二回（年度初めの計画作成と年度末の評価）以上が望ましい。また，必要に応じて定期・臨時会議やメール会議を行う。
- 医療機関は携わる専門職が複数名になりやすく，会議スケジュールを定めることが難しい場合が多いため，行政や関係機関間と連携してWeb会議システムの導入も検討する。
- 会議録は簡潔な文書での記録（適宜ホワイトボードなどを使用した場合は画像記録を併せて残す）と動画記録で残す。
- 保護者の同意のもと，関係機関間で画像・動画で支援状況を記録し，クラウドサービスなどを用いて計画に基づいた支援プロセスを共有する。

　支援会議による個別の教育支援計画の策定・共有は，常に対象児童・保護者のニーズとの一致・相違を確認しながら行われるため，関係機関間でニーズと支援をリアルタイムで確認し合えるシステム構築を目指すことが今後求められます。また，個人情報の取り扱いや管理については十分留意します。

参考文献　京極真．信念対立解明アプローチ入門　チーム医療・多職種連携の可能性をひらく．中央法規出版．2012.

ここがポイント　学校での具体的な支援の内容を医療機関と共有する

- 就学前期までの支援のコンテクスト（支援キャリア）を生かす視点をもつ
- 新たな支援体制をつくるために「支援マップ」の作成が有効
- 「支援会議」を通して個別の教育支援計画の策定・共有をはかる
- 支援会議のマネジメントを適切に行う
- 関係機関間でニーズと支援をリアルタイムで確認し合えるシステム構築を目指す

ベテラン先生からのアドバイス

　関係者・関係機関はそれぞれの専門性を生かして支援に臨みますから，ときに学校と医療機関では支援内容や方法について意見の相違が生じる場合もあります。その場合には，対象児童・保護者のニーズにそって支援内容や方法に優先順位をつける対応をしていきますが，あらかじめ信念対立を避ける工夫も必要です。例えば，使用頻度の高い専門用語（概念）について相互に整理して情報共有を行い，解釈のズレを小さくすることがあげられます。このような課題への対応として，医療関係者を対象とした支援者間で信念の対立が生じた場合に，問題の本質をとらえ解決のためのポイントを見い出す「信念対立解明アプローチ」が注目されています。その基本理念は教育関係者にも応用可能であると考えられ，参考になります。

（田中　謙）

Q&A 編

Q51 「個別の教育支援計画」や「個別の指導計画」を放課後等デイサービス事業所と，どのように共有していけばよいでしょうか。

学校での個別支援の内容や方法を放課後等デイサービスとも共有したい…。

対象児童は放課後は放課後等デイサービスを利用している

放課後等デイサービスから支援計画を共有したいと打診が…

どうすればいいだろうか？

A 「個別の教育支援計画」「放課後等デイサービス計画」の共有をはかりながら，相互の実践を学び合う環境を構築しましょう。

　放課後等デイサービスは，児童福祉法に基づき，学校に在籍する障害のある児童生徒の授業の終了後または休業日に，生活能力の向上のために必要な訓練，社会との交流の促進その他の便宜を供与することとされています(1)。放課後等デイサービス事業所では，一人ひとりの状態に即した「放課後等デイサービス計画」に基づき発達支援が行われています。

　まず学校と放課後等デイサービスとの連携に関しては，文部科学省から示された事務連絡を参考(2)に，保護者の同意を得た上で，学校における「個別の教育支援計画」などと放課後等デイサービス事業所における放課後等デイサービス計画を共有し，学校と放課後等デイサービス事業所間で相互の役割の理解を深めることが基本となります。

　その上で，学校と放課後等デイサービス事業所との連携をはかっていくためには，個別の教育支援計画の策定に放課後等デイサービス事業所職員の参加（オブザーバー参加）を検討すること，相互の実践を参観し合い支援の一貫性をはかるなどの相互の実践を学び合う環境を構築することが必要です。

　放課後等デイサービス事業所は設置主体が社会福祉法人やNPO法人などであり，児童発達支援センターなど複数の事業を展開しているところもあり，理学療法士(PT)，作業療法士(OT)，言語聴覚士(ST)，臨床心理士，臨床発達心理士が携わるなど実践内容は多様性に富んでいます。小学校の教育課程と放課後等デイサービスの支援内容は関連する活動が展開されている場合も多いため，相互の実践を学び合うことは互恵性があると考えられます。

　例えば，学校だよりの配布や学校行事への見学参加，通級指導教室・特別支援学級参観などを放課後等デイサービス事業所に案内したり，逆

に特別支援教育コーディネーターや担任が放課後等デイサービスを訪問して実践を参観したり，また，両者で障害の理解に関する合同研修を行ったりするなどの方法が考えられます。実際の学校現場では放課後等デイサービスの参観が出張扱いにならないため実現が難しいという事情もあるようなので，積極的に管理職などに相談することが肝要といえます。

さらに，日常的な情報交換のために，放課後等デイサービスでの対象児童の姿について保護者から情報収集をはかる，放課後等デイサービスへの送迎時に担任と放課後等デイサービス職員が情報伝達する，保護者の合意のもと学校，保護者，放課後等デイサービスで連絡ノートなどを共有する取り組みなども効果的です。

放課後等デイサービスで学習支援を行う際には，学校と宿題の進め方について共通理解をはかれば，学校と放課後等デイサービス間での学習支援の一貫性をもたせることも可能となります。

放課後を含む余暇の過ごし方は家庭・学校生活における児童の学習意欲や仲間関係にも影響し，特に充実した時間を送ることは生活の質の向上に寄与すると考えられています。放課後等デイサービスと個別の教育支援計画と放課後等デイサービス計画の共有を含む連携は，インクルーシブ教育を充実させる一つの原動力となるでしょう。

参考文献　(1)厚生労働省. 放課後等デイサービスガイドライン. (https://www.mhlw.go.jp/file/05-Shingikai-12201000-Shakaiengokyokushougaihokenfukushibu-Kikakuka/0000082829.pdf)
(2)文部科学省初等中等教育局特別支援教育課・文部科学省生涯学習政策局社会教育課事務連絡. 放課後等デイサービスガイドラインにかかる普及啓発の推進について(協力依頼). 2015.4.14.

| ここがポイント | 定期的な連絡や見学などで放課後等デイサービスとの連携を |

- 個別の教育支援計画と放課後等デイサービス計画を相互に共有する
- 見学や訪問などで相互の実践を学び合う環境を構築する
- 連絡ノートなどの連携のためのツールを活用する
- 放課後等デイサービスでの放課後・余暇活動は，家庭・学校生活の質の向上にも寄与する

ベテラン先生からのアドバイス

放課後等デイサービスでは多様な支援内容，方法による実践が展開されています。そのような実践を学ぶことは，例えば通級指導教室・特別支援学級などでの実践の質向上につながる知見に富むものも多くあるため，積極的に連携に取り組むことが望ましいと考えられます。

その際には特別支援教育コーディネーターだけでなく，対象児童の学級担任も参観に加われるような体制を整えることも求められます。

また，特別支援教育コーディネーターや担任と放課後等デイサービス職員のつながりが創出された際には，学校内で概略をまとめた「人材データ」を作成し，担当者の異動後も組織間で連絡・連携が取れるように資源化をはかりましょう。

(田中　謙)

Q&A編

Q52 「障害のある児童が教室で突然，物を投げ散らす」と，他の児童の保護者から相談がきました。どう対応したらよいでしょうか。

障害のある児童が学級や友だちの物を乱暴に扱ってしまう。

Aさんが友だちのロッカーの中のランドセルを放り出した…

他の児童の保護者から苦情がきた…

どのようにしたらいいのかな？

行為の原因を明らかにし，具体的な対応策を練ることが重要です。

　小学校1年生の事例を紹介します。この場合，1年生であることに留意し以下の対応を取ります。

●就学前の状況を把握する

　当該児童の行動がいつから始まったかにより，対応も変わります。

　まず，当該児童が在園していた幼稚園・保育園などと連携し，就学前の状況を聞き取ります。
・在園時，類似の行動が見られたか。
・見られた場合は，いつごろから見られたか。
・どのように対応していたか。
をできるだけ具体的に聞き取ります。

　また，在園時，そうした行動が見られなかった場合は，予想される原因に心あたりがないか聞き取るようにします。さらに，在園時の状況をできるだけ細かく聞き取り，原因につながるものがないか考えます。

●当該児童の保護者と連携する

　当該児童の保護者と連携することは何より大事です。その際，「やっかいな児童」と担任が思っていると，保護者は敏感にその思いを感じ取って，心を閉ざします。障害も一つの個性であり，だれにもおこりうる問題であるという認識で保護者に接することが重要です。その上で，
・類似の行動は，いつごろから見られたか。
・家庭で，原因と思われることについて話題になることはあるか。
・原因について，保護者が思いつくことがあるか。
また，相談機関や医療機関にかかっているなら，そちらからの情報がないか，確認します。

　こうした中から，原因を把握するためのヒントを探していきます。

●当該児童と話をする

　1年生ですから，自分の心のうちを見つめ，話をすることはなかなか困難です。しかし，断片的な会話の中にヒントがある場合もあります。じっくりと話をする中で，「先生はあなたのことが大好

きだよ」「困っていることがあったらいつでも相談に乗るよ」などのメッセージを発信することが大切です。児童が担任を信頼し、心を開くと、解決の糸口が見えてきます。また、興奮した気持ちも落ちつき、少しずつ冷静になってきます。

●当該児童と約束を決める

さまざまな情報の中から、解決に向けての仮説を立てて、当該児童と具体的な約束ができると、事態は大きく進みます。

「物を投げ散らす」などの行動は、児童からのSOSです。いけないことをしていることを自覚していて、それでもそうした行動をしてしまう胸の内をわかってあげ、一緒に解決策を考えようとする担任の姿勢がその児童を救います。

●学級の役員などに事情を説明し、協力をあおぐ

他の保護者に状況を説明することについて、当該児童の保護者の了解が得られるよう努めます。そして、相談してきた保護者や学級のPTA役員などに状況を説明し、理解と協力を依頼します。まわりの大人と児童の理解が得られると、事態はよい方向に向かうことでしょう。

ここがポイント　乱暴な行為への対応策

- 就学前の状況を聞き取り、いつから問題となる行動が始まったか把握する
- 当該児童の保護者から、原因について十分に聞き取りをする
- 当該児童とのさまざまな会話の中から原因を探るようにする
- 問題となる行動が始まりそうになったときに、どう自分の気持ちをコントロールするか一緒に考え、具体的な約束を決める
- まわりの保護者と児童の理解と協力を得られるように働きかける

ベテラン先生からのアドバイス

1年生の入門期の児童・保護者との「出会い」は、就学時健診の際の面談、入学前の面談、入学後の面談などですが、その出会いは、当該児童がその後の学校生活を円滑に過ごせるかどうかにかかわる重要なものです。担任・管理職などが、出会いで保護者と良好な信頼関係を築くことに全力を尽くすようにしましょう。

問題の原因を把握する過程では、担任が校内委員会などと組織的に連携し、支援を受けることが重要です。担任個人で対応していては、問題の解決は遠のいていきます。チームで知恵を出し合い、対応のしかたを生み出すことを基本として、問題の解決に向かうことが大切です。

（明星大学特任教授　忰田　康之）

Q&A 編

Q53　「障害のある児童が，何の理由もなく突然暴力をふるう」と，他の児童の保護者から苦情がきました。どう対応したらよいでしょうか。

障害のある児童の暴力について，他の児童の保護者から苦情がきた。

Aさんが友だちに突然，暴力をふるってしまう

他の保護者から苦情がきた

どう対応したらいいのかな？

A　障害のある児童の保護者と他の保護者の関係づくりが大切です。

●当該児童の保護者の立場で考えると…

　友だちに対してすぐに暴力をふるう児童は，幼児期からそのようなことをおこし，当該児童の保護者はその都度対応に追われてきた経験を有している場合が少なくありません。そうした中で，「自分の子育てがよくなかったのではないか」と悩み，また，「子育てを批判されているのではないか」という不安をもって幼児期を過ごし，小学校に入学してきたという経緯のある保護者が少なくないと思われます。

　そうした保護者に，「お宅のお子さんは暴力をふるって困ります」というだけでは，ますます保護者を追い詰めてしまいます。さらに，当該児童の問題点やよくないところにばかり目がいきがちになり，親子間の関係もくずれてしまうことにつながりかねません。

●他の児童の保護者の立場で考えると…

　一方，他の保護者の立場から考えると，いつわが子が暴力をふるわれるかわからず，不安な気持ちになるのも当然のことです。学校として，児童の身の安全を守ることに全力をあげる必要があります。

●当該児童の保護者に対しては…
　○他の保護者に心を開く

　学級保護者会などを利用して，わが子の障害の状況と対応のしかたについて他の保護者に話をして協力を依頼するようにできると，他の保護者の不安感が軽減されます。また，当該児童をあたたかく見守る学級づくりにもよい影響が生まれます。

　中には，他の保護者から批判されることをおそれて出席しない保護者もいますし，ましてやわが子のことを話すことに抵抗を感じる保護者もいます。そうした場合には，担任は保護者との信頼関係を築き，粘り強く働きかけることが重要です。

　当該児童の保護者が保護者会に参加するよう

になると，よい方向への連鎖が生まれ，問題の解決につながります。

○ 当該児童の「暴力」をとめる方向を模索する

相談機関や医療機関と連携して，当該児童が暴力をふるう原因と対応策を明らかにすることが重要です。ここでも，担任と当該児童の保護者との信頼関係が鍵となります。担任として，ていねいな対応を粘り強く進め，信頼関係をより強固にすることが求められます。

● 他の児童の保護者に対しては…

○ 学校としての対応策を示す

支援ボランティアの活用，校内体制についての説明など，担任，そして学校がどのように対応するのか明確にします。管理職同席で話をすることも，保護者の理解を得る上で大切です。

○ 協力を依頼する

障害のある児童は，あたたかい環境があると心を落ち着けることができます。当該児童の保護者の話と学校としての対応策を受け止め，自分の子どもに対して当該児童へあたたかい対応をするよう働きかけることを依頼します。

ここがポイント　暴力行為への対策

- 当該児童の保護者に，ともに問題の解決をはかろうとする姿勢で寄り添う
- 当該児童の保護者と連携・協力する関係を築き，保護者の心を開く
- 他の児童の保護者に，当該児童の状況と対応策を伝えるようにする
- 他の児童の保護者に協力を依頼し，自分の子どもに働きかけてもらう
- 当該児童について，必要に応じて相談機関・医療機関との連携を進める
- まわりの児童に対して，当該児童を刺激しないこと，何かあったらすぐに先生を呼ぶことを指導する
- 当該児童には，相談機関や医療機関，養護教諭やスクールカウンセラーと連携し，自らの感情をコントロールする術を身につけさせる

ベテラン先生からのアドバイス

障害のある児童の行動が暴力を伴う場合の対応は，とても難しいものです。当該児童の保護者は心を閉ざしがちになりますし，まわりの児童の保護者は，学校や当該児童の保護者に不信感を抱くことになります。

問題の解決は簡単ではありませんが，担任の言動が鍵を握ることはまちがいありません。まず，日ごろの学級経営を確固たるものにして保護者の信頼を得ておくことが重要です。

同時に，どの保護者にも「私はあなたのお子さんを大事にしています」というメッセージが児童を通じて伝わるようにし，双方の保護者の心を開いていくことが大切です。

（忰田　康之）

資料編

実際に学校現場で活用したり
参考にしたりできる資料を示しました。
重要な法令関係，学校だより，保護者や
地域を対象とした障害理解教育や保護者会で
の障害理解教育の展開例，校内での
特別支援教育体制の構築例，校内委員会や
事例検討会の開催例，学校での障害者差別事象・
判例などの対応例を解説しています。

資料編

1 障害理解教育の指導案例

インクルーシブ教育を進める上で障害理解教育は極めて重要です。障害による学習面や行動面での困難さを理解し、思いやりの気持ち、多様性を認める寛容性や人権意識を育んでいくことが大切です。

1. 障害理解教育の重要性

インクルーシブ教育を推進していく上で、障害理解教育はとても重要なものです。同じ学級に在籍している障害のある児童を正しく理解し、一緒に学び活動していくことの大切さや、人権教育の一環として多様性や平等、公正・公平などを学んでいくために、まずは「障害とは何か」ということを考えていくことが重要です。また、交流および共同学習などで他の学校や学級に在籍している障害のある児童とかかわる際にも、ともに尊重し合いながら協働して生活していく態度を育み、障害に配慮したかかわり方を学ぶためにも、障害についての正しい理解が必要です。

このような取り組みを通して、すべての児童がこれからの共生社会の担い手としての意識をもてるような障害理解教育を展開していきましょう。

2. 小学校での障害理解教育

小学校段階、特に低学年においては、特別活動を中心とした集団活動や遊びなどを通して、さまざまな障害のある児童と直接的にかかわる機会を増やしていくことが大切です。道徳の指導内容「親切、思いやり」の視点を中心に、直接的な交流を通して障害のある人に気づき、一緒にできること難しかったことなどを考え、障害に配慮してどのような工夫が必要かを話し合うことが大切です。そして、自分たちで考えたことが実際にうまくいった体験を積み重ねていくことが重要です。

中学年段階では、「相互理解、寛容」の視点を中心に、自分との違いを理解して多様性を認めていく意識や態度を涵養し、困難さの体験などから心情的に理解することも大切です。

高学年段階、さらに中学生段階につなげては、「公正・公平、社会正義」や「社会参画、公共の精神」の視点を中心に、障害者の人権や障害者差別の課題について意識を深め、いじめやからかいなどの具体的な場面での規範的な言動ができる態度形成が大切です。また、共生社会の担い手の意識を育み、自ら主体的、積極的に障害者に接していこうとする態度形成も重要です。実際の指導に当たっては以下のような点に留意してください。

①障害について、「〜できない」などの否定的な説明のみ強調しない。

②個性や多様性の重要性を意識できる実践的な活動を含める。

③障害者差別解消法に基づき、障害者の人権を考える話合いなどを含める。

④障害者スポーツへの参加など、学校以外での具体的なかかわりの場を推奨する。

東京都八王子市では、2016年度から小学生向けの障害理解ガイドブック『みんなちがってみんないい』を4年生全員に配布して、道徳の授業や交流活動の際に活用しています。次のホームページを参考にしてください。
(http://www.city.hachioji.tokyo.jp/kurashi/welfare/005/014/009/p022170.html)

3. 障害理解教育の実践例

　秋田県立支援学校天王みどり学園が作成した『「障害理解授業」ガイド～共生社会の実現を目指して～』には，障害理解教育に活用できる教材や資料や指導案，自己理解や多様性尊重を高めるアクティビティがたくさん紹介されています。また，この特別支援学校の先生が出前授業をしてくれますので，交流および共同学習の際の事前・事後指導やさまざまな障害理解を深める授業を体系的に行うことができます。ぜひホームページを参考にしてください。
(http://www.midori-s.akita-pref.ed.jp/sennmonnkann/syougairikaijugyou-all.pdf)

　現在，「発達障害」が広く知られるようになっていますが，自分たちとの違いが目に見えにくいことからさまざまな誤解や偏見が生じているといわれています。上記資料の中の「発達障害についての障害理解教育」の例（出前授業・講座）を右に紹介させてもらいます。

　障害理解において，特に発達障害の児童生徒の感覚過敏や，自分の思い通りにならない行動や学習の困難さは，なかなか他の児童生徒には理解できません。そのため，通常学級の中で，他の児童生徒との人間関係でのトラブルが生じたり，いじめの対象となったりすることが少なくありません。

　また，先生が発達障害の児童生徒への合理的配慮を行ったとしても，他の児童生徒が正しい障害理解をしていなければ，先生は贔屓しているだけとか，みんなを平等に扱ってくれていないと感じたりして，先生と児童生徒，また保護者との信頼関係が崩れてしまいかねません。

　正しい知識・理解とともに，疑似体験などを通して発達障害の児童生徒の「困り感」を体感し，仲間として受け入れていくための実践的な対応やかかわり方を，すべての児童生徒が身につけていくことができる取り組みが重要です。

「見えない障害の人を理解しよう」
～発達障害者の特性とかかわり方～

○主なねらい
・発達障害の基本的な知識を身につける。
・「聞く・話す・読む・書く・感じ方」の疑似体験を通して，発達障害の特性や配慮点を理解する。

○活動内容
(1) 発達障害の基礎知識
・学習障害（LD），注意欠陥多動性障害（ADHD），自閉症スペクトラム障害（ASD）の困り感について
・著名人の紹介（トムクルーズ／スピルバーグ／ビルゲイツ／栗原類など）

(2) 疑似体験
・話す，聞く，読む，書く，感じ方（人の感情を読み取る）

(3) 困り感を補う工夫

(4) 体験しよう
・友だちのいいとこ探し・共通点探し
・一言キャッチボール
・チクチク言葉とふあふあ言葉
・リフレーミング

（半澤　嘉博）

資料編

2 保護者会での障害理解教育の例

　障害のある児童とその保護者，また，周囲の児童とその保護者にとっても学級はよい環境であることが大切です。そのためには，保護者会などを活用して障害のある児童への具体的な支援策を伝えて理解を得ることが重要です。

1. 保護者の思いをくみ取り，先生の思いを伝える大切な機会が保護者会

　インクルーシブ教育を進めていく中で重要なことの一つとして，かかわる「すべての人にとって」よりよい教育，環境であるということがあげられます。例えば，障害のある児童が通常の学校に入学したとして，もしそこで十分な理解，対応がなかったとしたら，そこは適切な学びの場とならないかもしれないし，保護者にとっても大切なわが子をあずけることに不安が大きいでしょう。また，忘れてはいけないのは周囲の児童たちやその保護者にとっても，インクルーシブ教育が「あってよかった」ものであるかということです。

　インクルーシブ教育がうまくいかなかった例としてしばしばあげられるのは，障害のある児童のニーズへの対応に夢中になっていたら，他の児童の保護者からクレームが来てしまったというものです。「先生はあの子にばかりかまっていて，うちの子はないがしろにされているのではないか」，「あの子がいるとクラス全体の進度に遅れが出るのではないか」，「世話係に任命されて困っている」などという意見が出てしまうと，先生と保護者との信頼関係がほころびかねません。

　障害のある児童に対しての理解が得られず，児童どうしの関係性も築きにくくなる可能性があります。そのような厳しい意見は決して差別的な考えから生まれているのではなく，それぞれが大切なわが子をしっかりと見てほしいという切実であたり前の願いから来ているのだと受け止め，対応していく必要があります。

　では，どのようにすれば「すべての人にとって」よりよい学級をつくっていけるのでしょうか。もちろん，大前提として教育委員会や管理職も含めて学校全体でどのような対応ができるのか，あるいはできないのかということを障害のある児童・保護者と話し合った上で，学校側の体制を整えることが必要です。

　それには施設整備などのハード面だけでなく，先生の障害理解，対応についての研修などのソフト面，必要に応じた人的配置なども重要でしょう。先生の中に迷いや疑問があれば保護者にも伝わってしまいますから，十分な理解が欠かせません。

　その上で，双方の保護者の思いをくみ取り，先生の思いを伝える大切な機会が保護者会です。

2. すべての児童を大切にしている様子を紹介する

　それでは，保護者会でどのような理解教育を行うことができるのか，パターンに分けて考えてみましょう。まず，児童・保護者から合理的配慮の申し出があった場合です。当該児童の様子や配慮事項について，他の児童の保護者の理解を得たい場合，保護者会の場を利用して話し合うことができます。

　担任や特別支援コーディネーターが説明することもありますし，当該児童の保護者が話すこともあります。保護者会で伝えてほしくない個人情報

もあるかもしれませんから，どのような内容を伝えるのか，事前にお互いに確認しておきましょう。必要に応じて，参考になる資料を紹介することもよいと思います。

このときに大切なのは，「一方的な押しつけにならない」ようにすることです。不安なのは当該児童の保護者だけでなく他の保護者も同様ですから，不安な点をあげてもらうとか，学校で実施している対応策を伝えるなどして安心してもらえるようにしましょう。

場合によっては，無記名のアンケートを活用すると本音を伝えてもらえるかもしれません。また，ふだんの児童どうしの様子をしっかりと伝えることで，一人ひとりを大切にしていること，ともに生活することでお互いにとってよりよい学びとなっていることを伝えるのもよいと思います。

3. 具体的な支援方法まで伝える

次に，具体的に配慮要請はないけれども気になる児童がいるという場合です。先生としては気になる児童がおり，できる範囲の配慮を始めているけれども，当該児童の保護者からの理解が得られていないなどのケースも含みます。このような場合には，全体に対して障害についての基礎的な知識を話し，どのような支援が用意されているのかを伝えます。

例えば，発達障害は個人の性格や環境のせいにされてしまい，誤解されることが少なくありません。実は，本人もどうしていいかわからなくて困っていること，適切な支援を受けることでその児童らしく成長していけることを伝え，それを支えるための仕組みが学校や医療，福祉にあることなどを地域の実際のリソース（施設）を紹介しながら伝えます。

ここでのポイントは「具体的な支援法まで伝える」ことです。児童の「困り感」に気づいてもらうことはとても大切ですが，そこで止まってしまうと保護者も一緒に困ってしまいます。また，悪い面ばかり印象づけてしまう雰囲気になるのもよくありません。

児童が困っているかもしれないと思ったらだれに相談すればいいのか，どこに行けばいいのかまで具体的に伝えましょう。さらに，もし実際に支援を受けるとしたらどのような方法があるのかも伝えておくと，保護者にとっても見通しがもちやすくなります。

以上のことは気になる児童がいない学級や学校全体でも，予防的に実施することも効果的です。保護者がわが子に対して「あれ?」と思ったときに，一人で悩まずに学校に相談したり，他の児童への支援に対しても，「そうしたほうがいいよね」とスムーズに理解したりしやすくなることが期待できます。

学校全体としてどのような教育を行いたいと思っているのか，そのためにどのような取り組みを行っているのか，また，学校以外の地域のリソースもあり，チーム学校として児童たちを支えていく体制があることを伝えます。

障害のあるなしにかかわらずすべての児童にとって，同時にすべての保護者にとって学校が楽しく安心して学べる場所であるべく努力をしていることを知ってもらいましょう。その上で，保護者の理解と協力を得ながら，よりよい学校をつくっていくことができるのではないかと考えます。

（筑波技術大学障害者高等教育研究支援センター講師　大鹿 綾）

資料編

3 個別の教育支援計画例

「個別の教育支援計画」はどのような位置づけのもので，どのような内容を盛り込んだらいいのでしょうか。また，主体的にはだれが作成するのでしょうか。

1.「個別の教育支援計画」とは

　個別の教育支援計画は，学校と他機関との連携をはかるための長期的な視点に立った支援計画であり，児童生徒一人ひとりの乳幼児期から学校卒業後まで，一貫して的確な支援を行うことを目的として策定されます。

　個別の教育支援計画は，教育，福祉，医療，労働など関係部局の連携協力のためのツールでもあり，本人と保護者の願いを基に関係機関と連携協力して作成・実施・評価をしていくことが重要です。また，長期的な視野から，成長の節目ごとに引き継ぎ資料の役割をもつところが「個別の指導計画」と異なるところです。

　個別の教育支援計画は，就学時に作成されることが多く，具体的な名称は「支援シート」「支援ファイル」など異なる場合もあります。しかし，保護者と地域の関係部局が長期にわたり共有していくものであるため，様式・名称などはそれぞれの地域で定めたものを活用することが望ましいです。

2. 個別の教育支援計画の作成手順

　①まずは，学級担任が対象の児童・保護者の願いを把握する。

　②学級担任が保護者とともに，今まで児童にかかわってきた教育・医療・福祉などの機関名や情報を整理して案をつくる。

　③支援会議などを設定し，保護者や他機関と案の内容を確認し策定する。その際，本人・保護者，策定した機関の代表者に，それぞれ内容を確認した旨のサインをもらう。

　④策定した書面を保護者・各機関で共有する。

　⑤内容の変更があったときなどに支援会議を開き，各機関からの情報交換・年度の評価・次の目標設定などを行っていく。

3. 個別の教育支援計画例（次頁）

4. インクルーシブ教育で大切なこと

　事例（表）は，障害のある児童の小学校段階の個別の教育支援計画例です。この事例では，毎年度ごとに策定し，それを保護者やそれぞれの機関がファイルにとじていく形で活用します。

　支援会議には，関係諸機関の代表者か担当者が出席することが望ましいですが，日程調整が難しい場合には，書面を通しての確認や，電話などでの情報交換を行って作成していく場合もあります。

　大切なことは保護者や本人が作成に加わることです。原案作成時に，まずこの一年間をふり返り，成果や課題についてじっくり話し合うことです。個別の教育支援計画は本来与えられるものではなく，本人や保護者がつくり上げていくものです。現行の支援計画を提示し修正点や加筆の有無を確認するだけにとどまっていては，魂の宿らない書類として形骸化してしまうおそれがあります。学校教育を受けている間に，学校がリーダーシップをとって作成・活用の実際を示し，個別の教育支援計画が自分自身の支援の記録であり，今後の大切な計画となることを教えていく必要があります。

個別の教育支援計画例　　　　　　　　　　　　　　　　○○年度作成

本人	フリガナ	○○○○	性別		生年月日	
	氏名	○○○○	○		○○年　○月　○日生	
	住所	○○○○	保護者氏名		○○○○	
			緊急連絡先		○○○○	
	障害名や障害の様子	アスペルガー症候群	愛の手帳		度	（平成　年　月交付）
			身障手帳			（平成　年　月交付）
学校	○○市立○○小学校			校長名	○○○○	
				担任名	○○○○	

1　学校生活への期待や成長への願い
本人から
将棋の大会に出られるようになりたい。
保護者から
好きな漢字や将棋を伸ばしてやりたい。
仲よしの友だちをつくらせたい。
2　現在の児童の様子
学校では、漢字ドリルを正確に、ていねいに行い、みんなの手本となっています。
関心がある学習では、時間がたつのも忘れて集中しています。
家では、弟が生まれて、だんだん活発になってくると、けんかもするようになりました。
できるだけしからずに、気持ちを落ち着けてふり返りができるようにしていきたいです。
3　支援の目標
・本人の意欲を尊重しつつ、集団での学校生活に参加できる時間を増やしていく。
・先生や支援員だけでなく、友だちとのかかわりの機会を増やしていくようにする。

学校の指導・支援	家庭の指導・支援
・本人の関心・意欲を尊重した学校生活ができるよう、柔軟に対応できる学習支援員をつける。 ・静かに落ち着きたいときのために、個別のコーナーを教室につくる。 ・支援員や特別支援教室担当の先生がいる場面は、特別支援教室を活用して個別指導も行う。 ・ＳＣが月一回程度、保護者との面談の時間をもつようにする。	

4　支援機関の支援		
在籍校	○○年度	○年○組　担任　○○○○
	○○年度	○年○組　担任　○○○○
		支援員　○○○○（週○日）
		教室の中に入り、必要に応じて個別に対応する。
		担任に代わり、児童の話をじっくりと聞く。
		特別支援教室担当　○○○○
		一人になって落ち着きたいときに対応する。ＳＳＴも行う。
		ＳＣ　○○○○（○曜日）
		必要に応じて保護者の相談を受ける。
		養護教諭　○○○○　　医療との連携窓口
		特別支援教育コーディネーター　○○○○
医療機関	○年○月から	○○クリニック　（℡……　担当○○医師）
療育センター	○年○月から	○○センター（　℡……　担当○○）（週○回）
保育園	○年～○年まで	○市立○保育園

5　支援会議の記録		
年月日	参加者	協議内容・引き継ぎ事項
平成○年○月○日	保護者・学校（…）・療育センター担当	・就学支援シート、前年度のふり返り・支援の評価を行い、新たに今年度の支援体制の確認、願いや目標を確認・設定した。

6　成長の様子（年度末に記入）

7　来年度への引継

以上の内容について、確認しました。

　　　　　　　　　　　　　　　　　　　　　　　　　　平成○年○月○日

　　　　　　　　　　　　　　　　　　　　保護者　　　　氏名　○○　○○
　　　　　　　　　　　　　　　　　　　　学校　　○市立○小学校　校長　○○　○○

（太田　裕子）

資料編

4 個別の指導計画例

「個別の指導計画」は，だれがどんな項目を設定して立案・作成していくのでしょうか。また，作成した個別の指導計画表はどのように活用するのでしょうか。

1.「個別の指導計画」とは

インクルーシブ教育の場面において，支援が必要な児童生徒に意図的・計画的な指導を継続して行っていく場合には，校内委員会で特別支援教育コーディネーターを中心にして個別の指導計画を検討・作成していくことが望ましいです。学校全体の特別支援教育の体制を充実させ，専門的な助言または援助を要請するなどして，組織的に取り組むことが重要だからです。また，書面で作成することによって，児童の変容や事後の評価もしやすくなります。

個別の指導計画の様式は特段の定めはありません。表は，通常学級における個別の指導計画例ですが，児童が必要とする目標や内容によって，各学校で活用しやすいように工夫して作成することができます。

2.個別の指導計画の作成手順

①まずは，学級担任が対象となる児童の実態を的確に把握する。

②指導すべき課題を整理する。

③実態に即した指導目標を設定する。

④指導目標を達成させるために必要な項目を選定する。

⑤各項目に基づいて，具体的な支援や指導の方法を設定する。

⑥支援や指導の結果を評価し，次の学期に生かす。

3.個別の指導計画例（次頁）

4.インクルーシブ教育で大切なこと

小学校で特別支援学級や通級による指導を受けていない児童の個別の指導計画例（次頁）です。

インクルーシブな教育環境にあっては，障害のある児童のゆっくりとした成長は，通常学級の評価基準には合わなかったり，大勢の集団の中では，個別の目標に即して明確に評価できなかったりしてしまうことがあります。

しかし，障害のある児童も自分の目標に向かって，確実に成長しているのです。個別の指導計画を作成することで，通常学級の中でも個の成長を明確に評価し，達成感や自信をもたせることができ，次の学習への意欲や目標へつなげることができます。

例えば，個別の目標は，児童自身の学習へのモチベーションにも深くかかわります。自分の目標があるからこそ「この学級で勉強したい」と思い，元気に毎日登校できるのです。また，まわりの児童たちも，その児童の目標が明確であるからこそ応援ができるのです。そうしたことを考えると，個別の目標設定は先生や保護者が与えるのではなく，児童自身が考えていくように支援していくことが大切です。

インクルーシブ教育においてこそ，個別の指導計画を作成・活用していくことが求められているのです。

個別の指導計画例　1学期用

	3年○組 氏名○○　○○	担任　○○　○○	コーディネーターなど　○○　○○
気づき・思い	担任より ・新しい学級でのとまどいが，人間関係のトラブルの基になっている。 ・安心して学校生活ができる環境を整えたい。		
	保護者より ・毎朝とても緊張して登校しています。本人は期待と不安でいっぱいです。		
	児童より ・大好きな友だちと違う組になったので，さみしい。体育をがんばりたい。		
優先課題	現状	具体的な配慮・支援・指導	評価
	・失敗をおそれて，苦手なものに取り組まない。 ・感情の起伏が激しく，友だちとトラブルが多い。	・前学年で親しかった友人をグループにするなど，安心できる環境をつくる。 ・苦手な漢字などは，iPadを活用して練習させる。 ・落ち着かないときには，相談室でカウンセラーと過ごす。	・親しい友だちが増えた。 ・iPadの導入で，漢字の細部への注目ができるようになった。 ・相談室に行く回数が減ってきた。
教科学習など	教科学習などの状況	具体的な配慮・支援・指導	評価
	国語 漢字の書き間違えが多い。	iPadの導入 個別のワークシートの活用。	漢字学習に意欲的になってきた。部首に関心を示すようになった。
	算数 計算が速い。	算数係で活躍	100点でないときにも，かんしゃくをおこさないようにさせたい。
	体育 ボールゲームが得意。	勝ち負けにこだわらないように，声かけで配慮する。	まだ，勝ち負けには強いこだわりがある。
	その他		
生活	現状	具体的な配慮・支援・指導	評価
	ドッチボールで，勝ち負けのけんかがある。	休み時間は，先生も一緒に遊ぶようにする。	トラブルが減ってきた。
家庭など	現状	具体的な配慮・支援・指導	評価
	ふり返りを行うのはよいが，よくしかられる。	よいことをまずほめるようにする。	しかる回数が減ってきた。

（太田　裕子）

資料編

5 障害者差別事象の対応例

教育現場で，今までに障害のある児童生徒へどのような差別事象が実際にあったのでしょうか。また，その対応例からどのようなことに留意する必要があるのでしょうか。

1. 教育現場での差別事例

多くの都道府県において，障害者差別解消法の啓発などのために，各分野での障害者差別の具体的な事例を紹介しています。内閣府のホームページにおいても「合理的配慮等具体例データ集『合理的配慮サーチ』」として紹介しています。(http://www8.cao.go.jp/shougai/suishin/jirei/cases/case_0030.html)

教育分野においては，例えば岩手県の事例として，以下のような障害のある児童生徒への差別事象を示しています。

【本人などの意向を無視した就学先や教育内容の決定】
・進路を決定する際に，子どもの状態だけで学校の選択を勧められる。

【教育・育成への受け入れの拒否】
・視覚障害を理由に学校の入学を拒否された。
・「他の学生にとっても，教師にとっても障害者の存在は迷惑」といわれた。

【教育・育成への受け入れの制限】
・入学時や授業を受けるとき，修学旅行などで必ず家族同伴を条件にされる。

【授業や学校生活における差別的な取り扱い】
・「卒園式には来ないでください」といわれた。

【授業や学校生活における差別的な言動】
・九九や時計の見方を子どもに教えていたら，学校の先生から，「そんなことを教えても，大人になって私たちもあまり使わないでしょう」といわれた。

(抜粋)

また，クラスの中で，他の児童生徒からのいじめや無視などへの対応をしてもらえなかったり，学習面などへの個別の対応の要望を拒否されたりすることも報告されています。

このような例は，「無理やり小学校や中学校に入ってきたのだから，本人や保護者ががまんすべきだ」，「他の児童生徒の教育も行っているのだから一人だけ特別対応はできない」，「他の児童生徒の学習の迷惑になる」などと，居丈高な態度で臨んできた事例です。

しかし，障害者差別解消法が施行されてからは，このような態度自体が障害者差別そのものであり，法令違反となるものであることを十分に認識しなければなりません。

2. 障害者差別解消法施行後の差別事例

2018年の一つの事例ですが，私立高校の発達障害の女子生徒に，担任が差別的な発言をくり返したことで，適応障害となり転校せざるを得なくなってしまい，保護者が暴行や名誉毀損，侮辱の容疑で先生個人を告訴しました。「障害者が来る学校ではない」「ほかの学校に行ったほうがいい」などの侮辱発言があげられています。この事例では，保護者は法務局に人権救済の申し立ても行っています。

もう一つは，同じく2018年の事例ですが，重度障害を理由に就学先を県の特別支援学校に指定されたのは差別であるとして地裁に提訴した例です。両親は希望通りに地元の小学校への通学

を認めるよう求めています。就学先の指定を巡って行政の違法性を問う訴訟は障害者差別解消法施行後初めてとなります。

また，こんな事例もありました。2018年，脊髄性筋萎縮症で人工呼吸器をつけている市立小学校の4年生の女子児童の母親に対して，学校視察をした教育委員が「養護学校のほうが合っているんじゃないの」などと発言した事例です。この女子児童は医療的ケアが必要で，看護師も学校に配置していました。母親は「本人がこの学校に来たいから」と伝えると，「大変やね。環境が整っている養護学校のほうが合っているんじゃないの」「みんな優しいんやね」「本人はそうかもしれないけれど，周囲が大変でしょう」などと発言しました。

保護者は，教育委員の発言が障害者への差別であると市教育委員会に抗議をしましたが，市教育委員会も「市がインクルーシブ教育を推進する中，一連の発言は理解が不十分で配慮にかけた差別発言だった。残念で申し訳ない」とし，教育委員は責任をとって辞任したとのことでした。

今後，裁判の行方や判例を参考にし，自治体や教育委員会としても，また，学校や先生個人としても法令違反とならないよう，基本的な理解と対応上の留意点などについて，しっかりと研修を行っていくことが重要となります。

3. 対応の基本

「文部科学省所管事業分野における障害を理由とする差別の解消の推進に関する対応指針について（通知）」（27文科初第1058号）において，「不当な差別的取り扱い」および「合理的配慮」の基本的な考え方が示されています。また，各都道府県においても，教育分野での対応の指針や職員対応要領などが示されていますので参考にしてください。

①不当な差別的取り扱いとは，障害者に対して，正当な理由がなく，障害を理由として，財・サービスや各種機会の提供を拒否する，場所・時間帯などを制限する，障害者でない者に対してはつ

けない条件をつける，ことなどによる障害者の権利利益の侵害であることに留意しましょう。

また，正当な理由に相当するのは，障害者に対して，障害を理由として，財・サービスや各種機会の提供を拒否するなどの取り扱いが客観的に見て正当な目的の下に行われたものであり，その目的に照らしてやむを得ないといえる場合です。行政機関および事業者においては，正当な理由に相当するか否かについて，個別の事案ごとに障害者，事業者，第三者の権利利益（例：安全の確保，財産の保全，事業の目的・内容・機能の維持，損害発生の防止など）および行政機関の事務・事業の目的・内容・機能の維持などの観点に鑑み，具体的場面や状況に応じて総合的・客観的に判断することが必要です。また，正当な理由があると判断した場合には障害者にその理由を説明するものとし，理解を得るよう努めることが望まれます。

②合理的配慮とは，障害者から現に社会的障壁の除去を必要としている旨の意思の表明があった場合に，その実施に伴う負担が過重でなければ，障害者の権利利益を侵害することとならないよう社会的障壁を除去するための必要かつ合理的な取り組みであることに留意しましょう。

また，合理的配慮の内容は固定的なものではなく，技術の進展，社会情勢の変化などに応じて変わり得るものであることにも留意しましょう。

（半澤 嘉博）

資料編

6 放課後等デイサービスと学校の連携例

当該児童は，学校が終わると「放課後等デイサービス」へ通っていますが，そこでどのようなことをしているのかよくわかりません。当該児童の指導のために，連絡を取りあったほうがいいのでしょうか。

ここでは，「放課後等デイサービス」との連携に関して，具体的な事例を基に解説していきますが，まずは放課後デイサービスとはどのような取り組みなのか説明しましょう。

1. 児童福祉法の改正について

放課後等デイサービスは，児童福祉法が2012年4月1日に改正された際に創設されたものです。この法改正により現在は，障害児通所支援として，①児童発達支援，②医療型児童発達支援，③放課後等デイサービス，④保育所等訪問支援という四つの支援が身近な地域で行われています。

2. 放課後等デイサービスとは

放課後等デイサービスは，学校教育法第一条に規定する学校（幼稚園および大学を除く）に就学している障害児に対して，放課後や夏休みなどの長期休業中における活動の場を提供するものです。

放課後等デイサービスは，児童生徒の活動の場としてだけではなく，保護者支援として次のような役割もあります。

①育ての悩みなどに対する相談を行う。
②家庭内での養育などについて，児童生徒の育ちを支える力をつけられるよう支援する。
③保護者の時間を保障するために，ケアを一時的に代行する支援を行う。

3. 放課後等デイサービスの活動

放課後等デイサービスの対象は，6歳から18歳までの小学校や特別支援学校の小学部から高等学校などまでの児童生徒で，一人ひとりの状態に即した放課後等デイサービス計画（＝個別支援計画）に沿って発達支援が行われています。具体的には次のような活動が行われています。

ア 自立支援と日常生活の充実のための活動
イ 創作活動
ウ 地域交流の機会の提供
エ 余暇の提供

こうした活動は，学校における教育活動と共通する部分がとても多いことから，放課後等デイサービスと学校の連携が非常に重要となります。

4. 学校と事業所との具体的な連携方法

それでは，学校は放課後等デイサービスの事業所と，具体的にどのような連携をとることが必

要でしょうか。

①役割分担を明確にする。

②年間計画や行事予定などの情報を交換して共有する。

③事業所が車で学校に迎えにいく際の対応について，事前に調整する。

④下校時のトラブルや児童生徒の病気・事故の際の連絡体制について事前に調整し，対応マニュアルを作成する。

⑤保護者の同意を得たうえで，学校の個別の教育支援計画と事業所の放課後等デイサービス計画を共有する。

⑥気になることがあった場合の情報などを，保護者の同意のもと，連絡ノートなどを通して共有する。

このように，学校と放課後等デイサービス事業所が密な連携を取ることは，児童生徒にとっての切れ目のない支援を受けるために必要であり，大切な取り組みとなります。

5.具体的な連携事例

次に，具体的な連携事例を紹介します。

○当該児童
- 小学校5年生男子／特別支援学級在籍／知的障害
- 放課後等デイサービス週3日利用

○経緯
- 放課後等デイサービス事業所から依頼があり，小学校でケース会議を開くことになった。事業所における当該児童の行動上の課題について，支援員が対応について相談したいとのことであった。そこで，保護者を交えてケース会議を行った。

○課題
- 放課後等デイサービス：本事業所には当該児童よりも年齢の低い児童も多くいて，一緒に活動している。当該児童は，自分より年齢の低い児童に対し，あれこれと指示を出していばり，相手ができなかったりこばんだりすると手が出てしまうことがあり，指導に困っている。
- 保護者：家には兄がいて仲はよいのだが，兄からいろいろと用事をいいつけられている。それをデイサービスで他の友だちにしているのかもしれない。当該児童は小学校を卒業したら特別支援学校に進学し，高等部卒業後は一般企業に就職させたいので，善悪の判断がきちんとできるようにさせたい。
- 学校：学校では，あまりこうした行動は見られない。目立った行動もなく，注意されることも少ない。自分を主張したり自由にふるまったりする機会が少ないので，その反動としてそのような言動をしているのかもしれない。

○対応

こうした情報を総合し，関係機関が連携して役割分担を明確にした上で，次のことを確認した。
- 放課後等デイサービス：当該男子児童の好きなことや得意な活動を増やし，自己肯定感を高めながら他の児童生徒への関心をよい方向に導く。
- 保護者：学校やサービス事業所と情報共有をしながら，家庭でも兄弟の関係を見直し，適切な人間関係の形成をうながしていく。
- 学校：ロールプレイなども活用しながら，他の友だちとのコミュニケーションのとり方などについて指導していく。
- 共通して取り組むこと：本人への話し方として，否定的ないい方ではなく，肯定的な伝え方を心がけながら支援してく。

その後，小学校卒業後に入学する予定となっている特別支援学校の相談担当者も加わり，ケース会議が行われました。このように，学校と放課後等デイサービスの事業所の連携は，障害児の生活全般を支援することにつながる大切な取り組みといえます。

参考資料　厚生労働省社会・援護局障害保健福祉部障害福祉課，文部科学省初等中等教育局特別支援教育課．児童福祉法等の改正による教育と福祉の連携の一層の推進について．事務連絡．2012.4.18．／文部科学省初等中等教育局特別支援教育課，文部科学省生涯学習政策局社会教育課．放課後等デイサービスガイドラインにかかる普及啓発の推進について(協力依頼)．事務連絡．2015.4.14．

（鎌倉女子大学准教授　伊藤 大郎）

資料編

7 校内委員会や事例検討会は，どのように開催したらよいのでしょうか。

　現在では，すべての学校に特別支援教育の校内委員会の設置と特別支援教育コーディネーターが配置されています。しかし，特別支援教育コーディネーターが実際に校内委員会をどう組織化していくのか，機能的に運用するためにどのような方策があるのかよくわかりません。具体例を教えてください。

1. 校内支援体制と「校内委員会」

　特別支援教育の校内委員会は，文部科学省の「今後の特別支援教育の在り方について（最終報告）」(2003)で示されました。具体的には校内委員会を設置して，障害のある児童や特別な教育的支援が必要な児童に対して，担任・担当の先生だけがかかわるのではなく，管理職をはじめとするすべての先生がこのような児童に対して理解を深め，共通の認識をもちながら学校全体として組織的に対応することが提言されました。

　校内には，特別支援学級や通級指導教室だけでなく通常学級にも障害のある児童や特別な教育的支援が必要な児童がいます。このような児童が示すさまざまな問題や課題に対して，担任・担当者が一人で抱え込むのではなく，効果的な指導や対応に向けて，学校全体として共有しながら，校内委員会を設置して全校的な支援体制を確立して取り組むことが重要です。

2. 校内委員会の組織化

　校内委員会の設置については，学校の実情に合わせたさまざまな形態が考えられます。例えば，組織化の方法としては，既存の委員会(生徒指導委員会，就学支援委員会など)に校内委員会の機能をもたせて拡大する方法，既存の委員会をベースにしながら内容や機能を見直して整理・統合した形で設置する方法，新規の委員会として新たに設置する方法などです。各学校の組織や置かれている状況は異なりますので，各学校の実情や地域で活用可能な資源をふまえながら機能するようにつくる必要があります。

　また，校内委員会は，全校的な支援体制を構築していくために，以下の役割を担うことになります。

　①特別な教育的支援を必要としている児童の存在と問題や課題に気づき，実態を把握する。

　②特別支援教育コーディネーターとの教育相談を行う。

　③当該児童の指導や対応の工夫について協議・検討する。

　④当該児童生徒や担任への組織的・継続的な支援をして評価・改善する。

　⑤必要に応じて関係する専門機関との連携をはかり，校外からの指導・助言や支援を得る。

3. 校内委員会の開催と「事例検討会」

　校内委員会での中心的な役割を担っている特別支援教育コーディネーターは，月1回程度の定期的な校内委員会を開催します。その会議では，障害のある児童や特別な教育的支援が必要な児童に対しての情報共有，就学(教育)支援委員会での判断の有無，事例検討会(ケース会)における児童の具体的な支援の検討，関係機関などとの連携などを話し合います。

　事例検討会(ケース会)では，担任・担当者から提出された種々の資料を基に，児童の状況や支援体制，関係機関との連携状況などさまざまなことが報告されます。校内委員会の時間設定もあ

りますので，提出する資料の確認や案件の内容などは，前もって担任・担当者と打ち合わせておくとよいでしょう。

また，校内委員会の会議の場では，多くの場合，管理職も参加しますので，管理職の考えを受け止めながら，校内委員会のメンバー全員が自分の考えを発言しやすいように，場の雰囲気をつくったり，話し合いの内容や流れを事前に確認したりしておきます。たとえメンバーの意見が異なったとしても，対立したまま会議が終わることがないように，最終的な方向性を明確にしておきます。

校内委員会の機能が充実するためには，支援対象となる児童の実態や校内支援体制について多方面からの具体的な資料や評価が必要になりま

す。そこで，その方策として，以下のような内容とチェックリストを示しました。

校内委員会における機能評価

校内委員会における機能評価の内容	資料・活用例
・当該児童の実態把握，児童の聞き取り調査	「チェックリスト（児童の実態）」の作成と評価
・学校の現状と課題	「チェックリスト（学校の推進体制）」の作成と評価
・教室の環境整備状況	「チェックリスト（学習環境）」の作成と評価
・校内支援体制の現状把握	「チェックリスト（組織支援）」の作成と評価
・特別支援教育コーディネーターの役割の周知	職員会議での提案や協議，連絡・報告
・学級担任との連携	個別の実態把握シートの作成と評価
・保護者に特別支援教育コーディネーターの紹介	「学校だより」「学級だより」の発行
・当該児童に対する個別支援の体制と内容	個別の教育支援計画と個別の指導計画の作成と評価

「学校の推進体制」のチェックリストの例

	内容（学校の現状と課題）	評価（◎○△）
学校の推進体制	校内委員会は定期的に開催されているか。	
	校内委員会の年間活動計画は作成され評価しているか。	
	校内委員会の役割は明確に定められているか。	
	校内委員会の活動は職員会議などで定期的に報告されているか。	
	校内委員会のメンバーは全職員に周知徹底されているか。	
	特別支援教育コーディネーターは全職員に周知徹底されているか。	
	特別支援教育コーディネーターの役割は明確に定められているか。	
	支援の必要がある児童を発見・把握するシステムはあるか。	
	支援の必要がある児童を校内委員会で協議・検討しているか。	

参考文献　文部科学省．今後の特別支援教育の在り方について（最終報告）．2003．

（三浦　光哉）

資料編

8 特別支援教育体制をどのように構築していけばよいのでしょうか。

各学校・各地域では，特別支援教育体制が構築されてきました。特別支援教育がシステム化され，専門的で継続的な支援体制の下に実施されている一方で，まだ不十分な学校・地域もあります。学校間・地域間の格差も叫ばれています。先進的な特別支援教育体制がなされている具体例を教えてください。

1. 地域における相談・支援のための体制づくり

障害のある児童やその保護者が抱えるさまざまなニーズや困りごとに対して適切な相談・支援を行っていくためには，多分野・多職種による総合的な評価と多様な支援が一体的かつ継続的に用意されていなければなりません。地域において必要な相談・支援を行うには，単独の機関では限界があります。地域にある資源を活用しながら多分野・多職種による支援ネットワークを構築して，障害のある児童やその保護者を支援していくことが必要になります。

そのための具体的な方策としては，地域における医療，保健，福祉，教育，労働など関係する行政部局・機関および関係者の横断型のネットワークを構築します。また，複数のネットワークがある場合には，相互の連携をはかりながら一元化を検討しつつ，責任組織を明確にするなどの工夫を行います。

現在，障害のある児童生徒やその保護者への支援に関しては，「教育委員会を中心とした教育分野のネットワーク」と「地域自立支援協議会を中心とした保健医療福祉分野のネットワーク」の二つがあります。

都道府県においては，障害のある幼児児童やその保護者への相談・支援にかかわる関係部局・機関間の連携協力を円滑にするための一元化ネットワークとして，「広域特別支援連携協議会」を設置することが重要です。一方，支援地域においても同種のネットワークとして，「支援地域における特別支援連携協議会」を設置することが必要です。このように，教育分野と福祉分野それぞれに地域におけるネットワークを構築し，両者の連携をはかれる組織体制を工夫しながら，障害のある児童生徒と保護者の相談・支援を充実させていくことです。

2. 相談・支援のための全体計画（マスタープラン）の策定

医療，保健，福祉，教育，労働などの各部局・機関が実施している相談事業や支援の内容を明らかにし，相互の共通理解をはかるとともに，効果的な相談と支援のための具体的で一貫した方策を示した全体計画（マスタープラン）を策定します。例えば，都道府県においてはライフステージごとにどの地域で，どの機関が，どのような相談・支援を行っているのか，一貫した支援を行う上でどのような連携方策をとっていくことが必要なのかなど，全体像がわかるようなパンフレットやリーフレットを作成して周知をはかることが重要です。また，支援地域や市町村においては相談・支援機関のリスト，関係機関との連携事業などの具体的な内容を案内して，相談・支援の際により活用されやすくすることが大切です。

3. 学校内における特別支援教育推進体制整備状況の指標

特別支援教育コーディネーターは学校内の特別支援教育の中心的な役割を果たし，そのリーダー

シップが特別支援教育の体制整備を前進させていきます。文部科学省は，特別支援教育推進体制整備状況の指標として，「校内委員会の設置状況」「特別な支援を必要とする幼児児童生徒の実態調査」「特別支援教育コーディネーターの指名状況」「個別の指導計画の作成状況」「個別の教育支援計画の作成状況」「巡回相談員の活用状況」「専門家チームの活用状況」「特別支援教育に関する教員研修の受講状況」の8指標を示し，全国の都道府県からの調査を「特別支援教育体制整備状況調査結果」として毎年報告しています。

2017年度の調査結果によると，この8指標の中で最も達成率が低いのは，「専門家チームの活用状況」の55.1％で，次いで「個別の教育支援計画の作成状況」が66.1％，「巡回相談員の活用状況」が72.2％，「特別支援教育に関する教員研修の受講状況」が74.2％，「個別の指導計画の作成状況」が74.9％となっています。専門家チームや巡回相談員は，地域における関係機関（医療，保健，福祉，教育，労働など）の資源をどのように活用し連携していくのかといったシステムを構築していくことが重要となります。

一方，個別の教育支援計画と個別の指導計画は，新学習指導要領で示された通り，特別支援学級在籍の児童だけでなく，通級による指導を受けている児童にも作成が義務づけられました。また，通常学級に在籍している障害のある児童については，「作成することに努める」と可能な限り作成することが望ましいことになっています。特別支援教育コーディネーターがリーダーシップを発揮して，8指標のすべてにおいて100％の達成を目指して，学校内や地域の中で特別支援教育の体制整備を推進していく必要があります。

4. 先進的な特別支援教育体制の実践例

特別支援教育推進体制がシステム化されている全国のモデル的な事例として，山形県を紹介します。山形県内12市町村の教育委員会では，2007年度から山形大学特別支援教育臨床科学研究所と協働して，特別支援教育推進体制のシステム化を構築しています。そのシステムの特徴は，以下の六つです。

①町村教育委員会に「特別支援教育推進委員会」の設置と「特別支援教育専門家チーム（大学教授，指導主事，専門検査員，保健師，福祉課担当職員など）」を配置する。

②専門家チームが地域内のすべての保育所・幼稚園，小学校，中学校を定期的に巡回してスクリーニングを実施し，支援段階を決定する。

③専門家チームが学校や担任などに指導・助言する。

④専門家チームの検査員が個別検査を実施し，その後に「障害判断会議」を開催して，その結果を学校や保護者へ報告する。

⑤障害のあるすべての児童生徒の「個別の教育支援計画」と「個別の指導計画」を作成して，専門家チームや教育委員会へ提出する。

⑥すべての先生（管理職，一般教員，支援員，保健師など）に対して，30時間（初級）の特別支援教育研修を実施する（中級30時間，上級30時間も設定）。

これらのシステム化により，担任や担当者が代わっても高度で専門的な支援が10年以上継続できるようになっています。また，その波及効果として不登校数や保健室利用者数の激減，学力の向上，Q-Uテストでの「満足群」の増加などが見られています。

（三浦 光哉）

編集著作者

半澤 嘉博
(東京家政大学家政学部児童教育学科教授　理論編①②, 資料編①⑤)

著者（あいうえお順）

相澤 雅文
(京都教育大学教育学部発達障害学科特別支援教育臨床実践センター教授　理論編⑧, Q＆A編㊲㊳㊴㊵)

池尻 加奈子
(東京都立清瀬特別支援学校主任教諭　理論編⑤, Q＆A編⑲)

池本 喜代正
(宇都宮大学教育学部特別支援教育講座教授　理論編⑨)

石坂 光敏
(東京都巡回相談心理士・臨床発達心理士　Q＆A編⑧⑨⑩)

伊藤 大郎
(鎌倉女子大学教育学部教育学科准教授　資料編⑥)

大鹿 綾
(筑波技術大学障害者高等教育研究支援センター障害者基礎教育研究部講師　資料編②)

大嶋 一敬
(東京都北区立王子第五小学校主任教諭　Q＆A編⑱)

太田 裕子
(聖徳大学大学院教職研究科教授　Q＆A編①②, 資料編③④)

大和田 邦彦
(東京都立七生特別支援学校校長　Q＆A編㉗㉘)

落合 恵理子
(東京都立七生特別支援学校主任教諭　Q＆A編㉑㉒)

忰田 康之
(明星大学教育学部教育学科特任教授　Q＆A編㊺㊻)

加藤 和子
(埼玉大学教育学部附属特別支援教育臨床研究センター教諭　Q＆A編㉔㉕)

川村 修弘
(宮城教育大学附属特別支援学校教諭　Q＆A編⑭⑮)

喜多 好一
(東京都江東区立豊洲北小学校校長　Q＆A編⑤⑥)

黒田 紀子
(東京都北区立西浮間小学校主任教諭　Q＆A編㉓)

小林 徹
(郡山女子大学短期大学部幼児教育学科教授　Q＆A編⑬)

妹尾 浩
(明星大学教育学部教育学科特任教授　理論編④)

高橋 浩平
(東京都杉並区立杉並第四小学校校長　Q＆A編④⑦㉜㉝㊸㊹㊺㊻㊼㊽)

田中 謙
(山梨県立大学人間福祉学部人間形成学科准教授　Q＆A編㊾㊿51)

玉野 麻衣
(東京都世田谷区立奥沢小学校校長　Q＆A編⑰㉞㉟)

中西 郁
(十文字学園女子大学人間生活学部児童教育学科教授・特別支援教育センター長　理論編⑥)

名古屋 恒彦
(植草学園大学発達教育学部発達支援教育学科教授　理論編⑩⑫)

古野 仁士
(東京都府中市立第二小学校特別支援学級担任　Q＆A編⑪⑫)

本谷 あゆみ
(東京都北区立滝野川第三小学校主任教諭　理論編⑬, Q＆A編⑳)

前田 真澄
(東京都立町田の丘学園指導教諭　理論編⑪, Q＆A編㊶㊷)

前田 三枝
(神奈川県川崎市立小田小学校統括教諭　Q＆A編㉖㉛)

増田 謙太郎
(東京学芸大学大学院教育科准教授　Q＆A編③)

三浦 光哉
(山形大学大学院教育実践研究科教授　Q＆A編⑯㉙㉚, 資料編⑦⑧)

明官 茂
(明星大学教育学部教授　理論編③⑦)

渡邉 流理也
(新潟大学教育学部教育科学講座准教授　Q＆A編㊱)

小学校 学級担任のための
よくわかるインクルーシブ教育　課題解決Q＆A

2019年1月23日　発行

発　行　開隆堂出版株式会社
　　　　代表者　大熊隆晴
　　　　〒113-8608　東京都文京区向丘1-13-1
　　　　電話03-5684-6116（編集）
　　　　http://www.kairyudo.co.jp/

発　売　開隆館出版販売株式会社
　　　　〒113-8608　東京都文京区向丘1-13-1
　　　　電話03-5684-6118（販売）

印　刷　壮光舎印刷株式会社

表紙・本文デザイン・イラスト／ソフトウェーブ株式会社

●本書を無断で複製することは著作権法違反となります。　●乱丁本・落丁本はお取り替えいたします。